KB265027

통일부활의 꿈

통일부활의 꿈

통일부활의 꿈

칠리 이광린선생 희수기념

원유한 지음

혜안

칠리 선생의 희수를 맞으며

구산(龜山) : 오늘 내가 연구실로 구천을 찾아온 이유를 알고
　있겠지?.

구천(龜泉) : 죄송하지만 모르겠습니다. 짐작도 가지 않고요.

구산 : 그렇다면, 칠리(七里) 이광린(李光麟) 박사가 금년에 희
　수(稀壽)를 맞는다는 사실을 모르고 있단 말인가?

구천 : 그 일이야 제가 모를 리 있겠습니까. 당연히 알고 있어
　야 할 일이지요. 어떤 형식이든 선생님의 희수를 기리는 일
　이 있어야 한다고 생각해서, 한 가지 작은 일을 준비하고
　있습니다.

구산 : 그렇다면 칠리 선생 희수기념으로 『통일부활의 꿈』이
　라는 작은 책자의 간행을 준비하고 있다는 소문이 들리더
　니…….

구천 : 변변치도 못한 일 하면서 소문만 퍼뜨린 셈이 되어 죄
　송하게 생각합니다.

구산 : 『통일부활의 꿈』의 내용이 어떤 것인지 궁금하군.

구천 : 제가 수년간 일기장과 답사기, 여행기에 썼던 단문들을
　‘통일부활의 꿈’·‘인생의 의미’·‘오늘의 역사’·‘답사의 교
　훈’ 등 네 절로 분류, 정리한 것입니다. 거기에 각 절의 내용
　과 직간접적으로 관련 있다고 생각되는 기행문·답사기·
　논설·수상 등 잡문 몇 편씩을 덧붙였습니다. 막상 희수기

념 책자를 펴내겠다고 만용을 부려보았으나, 칠리 선생님 위상에 너무나 걸맞지 않은 초라한 것이 된 것 같아서……

구산 : 송구스럽다는 생각이 든다는 말이겠지. 그 같은 구천의 마음가짐을 이해할 수는 있겠네. 그러나, 기념책자의 소중한 의미랄까 가치는 장정이나 분량, 내용의 훌륭하고 그렇지 않음에 있기보다는, 책자에 담긴 사제간의 사랑과 존경심의 농담에 있다고 보아야 할 것일세. 말이 나온 김에 한 가지 더 부탁하고 싶은데…….

　지난날 몇 차례 말한 바 있어 기억하고 있을 것일세.『월간 화폐계』를 대신해 구천과 나의 '대화광장'이랄까, '대화의 마당'으로 '실학아리랑'을 총서로 펴내자 했던 사실 말일세. 그러니까『통일부활의 꿈』을 '실학아리랑' 제1집으로 펴내는 게 어떻겠는가 그 말일세.

구천 : 선생님 말씀에 따르는 것이 좋을 것 같다는 생각이 듭니다. 선생님과 저의 대화광장을 '실학아리랑'으로 하는 이유랄까, 취지는 지난날 여러 차례 말씀하신 바 있으니, 새삼스레 재론할 필요가 없을 것 같습니다. 앞으로 '실학아리랑'이 거듭 출간되면 간행 이유 내지 취지는 자연스럽게 드러나게 될 것입니다.

구산 : 아무렴, 그렇고 말고. 그러니 이제 화제 방향을 칠리 선생 쪽으로 돌려보기로 하세. 무엇보다도 칠리 선생의 성격과 삶의 자세 등에 관해 이야기를 들어보았으면 하는데……. 역사학자로서가 아닌, 한 인간 칠리 선생의 인간상(人間像)에 관해 이야기를 듣고 싶단 말일세. 칠리 선생이

어떤 분인지 구천은 잘 알고 있으리라고 믿네. 학부 입학 이후 반세기 가까운 세월 동안 칠리 선생을 스승으로 모셔 온 터라서 하는 말일세.

구천 : 그렇다면, 사학자로서의 칠리 선생님에 관해서는 많이 알고 계시다는 말씀인가요?

구산 : 많이 안다고까지야 할 수 없지만……. 학력으로 말하자면, 평양 종로초등학교 졸업(1939), 평양 제2공립중학교 졸업(1944), 연희대학교 문과대학 사학과 졸업(1950), 대학원 수료(1954) 및 명예 문학박사학위 취득 등의 사실을 들 수 있지. 학술원 정회원(1981.8~현재)으로 학술원 인문과학부문 학술원상을 수상하고, 서강대학교 부총장(1981~83)과 중부대학교 총장(1993~97)을 맡아 대학 교육행정 발전에 기여하였다네. 그리고 저서 12권, 번역서 3권, 편저 2권, 교주(校註) 1권을 펴내고, 110여 편의 학술논문과 다수의 논설을 발표하는 등 빛나는 학문적 업적을 낸 역사학의 대가라 할 수 있을 것일세.

이 정도면 어느 만큼은 알고 있다 할 수 있지 않을까? 그러니 칠리 선생의 인간상 쪽에 초점을 맞추어 이야기를 들어보는 것이 좋겠네. 듣자하니, 칠리 선생은 약속을 잘 지키는 분으로 유명하다면서?

구천 : 정말 약속은 틀림없이 지키시는 분입니다. 제자들과 만날 약속을 하면 대개 약속시간보다 늘 십분 가량 일찍 나오십니다. 1970년대 중반으로 기억됩니다. 선생님과 약속한 시간 5분 전에 약속한 장소에 도착했습니다. 선생님은 평소

와 달리 나와 계시지 않았습니다. 그런데 약속시간이 되자 이발가운을 두르신 채 다방으로 들어오시는 것이었습니다. 시간이 충분하다 해서 아래층 이발소에서 머리를 깎다가 시간이 늦어졌으니, 10분만 기다리면 이발을 마치고 오시겠다고 하셨습니다. 이처럼 사전 연락 없이 약속시간을 어기신다든가 나오시지 않은 일이 없는, 그런 분이랍니다.

제자들에 대해서는 그 배려가 정말 깊고 자상하십니다. 스승으로서 제자를 가르치는 교육적 배려에서뿐만 아니라, 일상생활에 대한 배려 역시 마찬가지입니다. 대학원 진학이 불가능한 제자에게는 격려와 함께 진학의 길을 열어주고, 경제형편이 어려운 제자에게는 연구비 수령을 적극 주선해 주십니다. 고뇌에 빠진 제자에게는 위로와 용기를 주시는, 그러한 분입니다.

1995년 5월 13일 명예문학박사학위 수여식장

선생님은 제자들을 돕고 베푸는 일에 기쁨과 보람을 느끼시는 분입니다. 매년 정초에 인사차 선생님댁을 방문하면 푸짐한 음식을 대접하시고, 어쩌다 제자들이 모시고 회식을 하게 될 경우에는 예외 없이 귀한 술병을 들고 나오시고요.

구산 : 허허, 칠리 선생에 대한 자네의 존경심이 정말 대단하군. 후학, 제자들에게 깊은 존경을 받을 만한 분이시지. 계속해 보게.

구천 : 칠리 선생님은 언제나 당신의 입장이나 생각을 솔직 담백하게 말씀하시는 분입니다. 성실하고 꾸준하고 부지런하십니다. 권위적이기보다 서민적이고, 다정다감하시고, 해야 할 일은 미루지 않고 즉각적으로 처리하시는 분입니다. 가끔 너무 직설적인 점이 흠으로 지적되는 경우도 없지 않은 것 같지만.

구산 : 그것만으로도 칠리 선생의 성격과 삶의 자세 등을 비롯한 인간상은 대강 짐작할 수 있을 것 같네. 이야기가 나온 계제에 평소 궁금히 여기고 있던 사실 한 가지만 물어보겠네. 흔히 알려져 있듯이, 칠리 선생은 연세대학교 문과대학 사학과 1회 졸업생이고 대학원 석사 1호인 동시에 대학원을 수료하자 곧 전임교수가 된 행운아(?)가 아닌가. 그래서 칠리 선생에 대한 스승을 비롯한 주변의 기대 또한 적지 않았고, 그럼에도 불구하고 칠리 선생은 1965년에 모교를 떠나 서강대학교로 옮겼지 않은가. 그처럼 학교를 옮기게 된 배경이랄까, 동기가 무엇인지 혹 알고 있는지? 그 당시 주변에서 풍문으로 떠돌던 것 이상으로 아는 것이 있느냐 말

일세. 내가 40년 가까운 세월이 지난 일을 새삼 꺼내는 뜻을 구천은 짐작하고 있겠지?

구천 : 이심전심이라는 말이 왜 나왔겠습니까. 대충 짐작은 할 수 있을 것 같습니다. 그 무렵 저와 칠리 선생님 사이에 있었던 사실을 말씀드리면, 선생님의 궁금증을 푸는 데 도움이 될 것으로 생각합니다.

날짜는 잘 기억나지 않는데 어느날 칠리 선생님으로부터 만나지는 연락을 받았습니다. 세브란스병원 내과병동 입원실로 오라는 것이었습니다. 급히 찾아뵈니 식중독으로 인한 급성 간염증세가 보인다는 것이었습니다. 매우 초췌한 모습을 하신 채 이런 말씀을 하셨던 것으로 기억 납니다. 많은 고민 끝에 모교를 떠나기로 결정하였고, 저의 박사학위 지도를 끝내지 못하고 떠나게 되어 유감스럽다는 말씀이었습니다. 당시 연세대학교 사학과는 한국사 전공자가 동양사 교수로 채용되어 동양사를 강의하는 형편이었답니다. 이 같은 모순이랄까, 부자연스러운 상황을 해소하기 위해서는 한국사 전공교수 한 사람이 자리를 옮기는 쪽이 한 방법이 될 것 같다는 생각을 하셨다는 것이죠. 그때 마침 서강대학교로부터 초빙을 받게 되자, 옮길 수 있는 사람이 먼저 옮겨야 한다는 생각으로 모교를 떠나기로 결심하시게 되었다는 것입니다.

또 이런 말씀도 하셨습니다. 대학교수의 기본 자세랄까, 본분은 학문을 열심히 연구하고 학생을 성심껏 가르치는 것으로 아는데, 당시 모교의 사학과 분위기가 과연 본분을 충실히 수행하기에 적합한지에 대해 확신을 가질 수 없으셨다는 것입니다. 하기야, 용재 백낙준 선생님께서도 미수(米壽)를 몇 해 앞둔 시기에 이런 말씀을 하셨습니다. "지금 나의 인생을 되돌아볼 때 가장 아쉽게 생각되는 것은 학문적 업적을 더 남기지 못한 것이다."

이상이 제 기억에 남아 있는 칠리 선생님 말씀입니다. 당시 선생님 표정에서는 하고 싶은 많은 말씀을 자제하시는 듯한 기색을 엿볼 수 있었던 것으로 기억됩니다.

구산 : 대화 상대가 제자였기에 허심탄회하게 모든 사실을 털어놓고 말하기가 편하진 않을셨을 거야. 구천이 칠리 선생으로부터 들었다는 이야기는 대학을 옮길 당시의 풍문 속에는 없던 것 같군, 그래. 사실 풍문이란 본인이 직접 나서서 해명한다거나 제삼자가 본인에게 직접 확인하기도 쉽지 않은 것이라서, 그저 바람처럼 떠돌아다니는 말이니까······.

웃음의 말이기는 하지만, 칠리 선생이 모교를 떠나기로 결정하게 된 의식의 기저에는 이런 심리도 있지 않았는지 모르겠군. 적절한 비유인지 모르겠지만 '자동차 조수가 고생 끝에 기사가 되면 근무하고 있던 직장을 떠나려 하는 그러한 심리'도 있지 않았겠는지? 또 '예수도 자신이 태어난 고향 땅에서는 환영을 받지 못했다'는 말을 음미해 볼 필요가 있을 것 같기도 하고······. 이러한 인간 삶의 형태는 시대와 상황을 초월해서 모든 인간에게 본질적으로 공통되는 가치추구의 자세라 생각되어 하는 말이라네.

만일 내게 칠리 선생이 모교를 떠난 사실을 어떻게 생각하느냐고 묻는다면, 비교적 바른 선택을 했다고 말할 수 있을 것 같네. 그가 모교의 울타리를 벗어났기에 자유롭게 교수로서의 학문적 업적을 남기고 훌륭한 제자를 기를 수 있었다고 생각하기 때문일세. 이러한 생각은 칠리 선생이 학술원 회원이 되고 인문과학 부문 학술원상을 수상하였으며 모교에서 명예 문학박사학위를 받은 사실로 증명될 것이네. 예컨대 칠리 선생이 모교를 떠난 것이 교수로서 성취를 이루는 중요한 계기가 되고, 그 성취는 결과적으로 자신의 영광이 되었음은 물론, 모교 연세대학교의 영예가 되었다는 것이지. 오늘 이 자리에서 내가 할 이야기는 거의 모두 한 것 같은데…….

구천 : 미진한 이야기가 있으면 말해 보라 그런 말씀이시겠지요? 선생님은 호미 들고 무악사전(毋岳史田)을 김매고 북돋우는 한편 '원어협곡 성천지해(源於峽谷 成川至海)'한다는 의지로 삽을 들고 무악사천(毋岳史川)의 폭을 넓히는 데 최선을 다한 분입니다. '무악실학회' 설립 초기부터 취지에 공감하시는 동시에 학회의 논문발표회에도 참석하여 여러 차례 논문을 발표해 주셨습니다. 이에 감사하여 '무악실학회'는 선생님이 정년퇴임을 하실 때 기념패를 드리기도 하였습니다. 선생님은 병환중에도 사학과 동문회장으로서 학과와 모교에 대해 남달리 깊은 관심과 애정을 가지고 계신 그러한 분이랍니다.

구산 : 그렇다고 한다면, 칠리 선생의 위상을 모교 연세대학교와 관련해서 다음과 같이 말할 수 있겠다는 생

각이 들기도 하는군.

'칠리 선생이 학술원 회원이 되고 학술원상을 받게 된 것은 무악사천 내지 국학 전통의 외연적 발전에 기여한 업적에 대한 한국 학술·문화계의 논공행상이요, 또한 명예 문학박사학위를 받게 된 것은 위와 동일한 취지에서 이루어진 모교 연세대학교의 논공표창이라고.'

구천 : 요즘, 칠리 선생님을 찾아뵙는 제자들은 형언할 수 없는 한을 안고 돌아설 수밖에 없습니다. 인간 능력의 한계를 새삼 절실히 느끼면서, 절대자에게 쾌유를 비는 마음 간절해진답니다. 선생님의 정년퇴임을 축하하여 지어드린 졸작의 마지막 구절 '임명섭리 한영성가(任命攝理 閑詠聖歌)'의 뜻을 되새겨보면서…….

끝으로 이 졸작이 나오기까지 여러 모로 도움을 주신 여러분께 감사의 뜻을 전해야 할 것 같습니다. 우선 구산 선생님의 자상하신 교시와 편달에 감사를 드립니다. 또한 바쁜 중에도 원고 교정을 보와준 이명화 박사와 정정명 교수, 박재희 양에게 고마움을 전합니다. 그리고 졸작을 펴내느라 수고가 많았던 혜안출판사의 오일주 사장, 김태규 실장, 김현숙 편집장, 박광연 양에게 깊은 감사의 뜻을 전합니다.

2001년 9월 15일
원 유 한

사 랑

내가 사람의 방언과 천사의 말을 할지라도
사랑이 없으면 소리 나는 구리와 울리는 꽹과리가 되고
내가 예언하는 능이 있어 모든 비밀과 모든
지식을 알고 또 산을 옮길 만한 모든 믿음이 있을지라도
사랑이 없으면 내가 아무것도 아니요
내가 내게 있는 모든 것으로 구제하고 또 내 몸을
불사르게 내어 줄지라도 사랑이 없으면 내게
아무 유익이 없느니라
사랑은 오래 참고 사랑은 온유하며
투기하는 자가 되지 아니하며 사랑은 자랑하지 아니하며
교만하지 아니하며 무례히 행치 아니하며
자기의 유익을 구치 아니하며 성내지 아니하며
악한 것을 생각지 아니하며
불의를 기뻐하지 아니하며 진리와 함께 기뻐하고
모든 것을 참으며 모든 것을 믿으며
모든 것을 바라며 모든 것을 견디느니라
사랑은 언제까지든지 떨어지지 아니하나
예언도 폐하고 방언도 그치고 지식도 폐하리라
우리가 부분적으로 알고 부분적으로 예언하니
온전한 것이 올 때에는 부분적으로 하던 것이
폐하리라
내가 어렸을 때에는 말하는 것이 어린아이와 같고
깨닫는 것이 어린아이와 같고

생각하는 것이 어린아이와 같다가
장성한 사람이 되어서는 어린아이의 일을 버렸노라
우리가 이제는 거울로 보는 것같이 희미하나
그때에는 얼굴과 얼굴을 대하여 볼 것이요
이제는 내가 부분적으로 아나 그때에는 주께서
나를 아신 것같이 나를 온전히 알리라
그런즉 믿음, 소망, 사랑 이 세 가지는
항상 있을 것인데 그 중에 제일은 사랑이라

(고린도전서 13장)

이광린 선생님 회수를 축하합니다.
노상 주님의 빛 가운데 머무르시고
건강에 모세의 기적이 일어나기를
기원합니다.

서기 2001년 9월 15일
제자 원유한 기원

차 례

차 례

통일부활의 꿈

인류의 어제와 겨레의 오늘

아득히 거슬러 사람 사는 모양 살펴보면
　　잘먹거나 줄임 없이 함께 벌어 고루 살며
　　　핏줄 낮고 높음 차별 없어 모두 평등하고
　　　　세고 약한 사람 구분 없이 모두 왕이라네

세월이 흘러내려 인류역사 크게 구비치니
　　많이 벌어 잘입고 못벌어 굶는 이 생기며
　　　귀족과 노예로 편갈라 신분계급 차려놓고
　　　　국왕 온갖 권세 움켜쥐 백성의 하늘 되네

세월이 흘러내려 인류역사 다시 휘몰아쳐
　　농노의 밭갈이 으뜸이며 상공업 괄시받고
　　　귀한 문벌 우뚝서고 천약한 백성 억눌리며
　　　　왕의 권세 줄고 뭇 영주 성쌓고 활거하네

세월이 흘러내려 인류역사 탈바꾸게 되니
　　상공업 일어나며 뭇 백성 몰려 도시 이루고
　　　눌린계급 각성해 자유평등 찾아 힘기르며
　　　　여린 국왕 힘길러 영주밟고 절대왕정 펴네

세월이 흘러내려 인류역사 근대를 지향하니
　　부역의 굴레벗고 임노동 통해 생산 더 늘고
　　　높은 신분 크게 눈떠 눌린 민초와 이웃하며

절대왕 목베어 처단하고 주권재민 길 트이네

역사가 뒷걸음쳐 제국주의 멋대로 활거하니
너도 나도 부국강병으로 나라마다 힘 길러
궤변과 강압 통해 약한 이웃 멋대로 아울러
작은나라 어진백성 자유독립 잃고 짓밟혔네

배달겨레 힘없어 나라잃고 식민통치 받으니
총칼 아래 장님 벙어리 되어 성명까지 갈고
땀흘려 거둔 오곡 다 뺏기고 콩깻묵 씹으며
힘없고 주린백성 생지옥에서 원통히 죽었네

하나님 눈떠 겨레 얽맨 쇠사슬 풀어주시니
45년 8월 15일 광복되어 남산 북악 춤추었네
동해물 마르도록 함께 살잔 맹세 어디 가고
땅 잘리고 겨레 적되어 겨루며 살고 있다네

남녘자유 북쪽평등 길고 짧다 서로 다투며
한핏줄 남남북녀 원수된지 반백년 되었구나
남북 하나되는 바른 길 찾아 밤낮 헤매봐도
서로 감싸는 사랑보다 더나은 길은 없다네

(일기장 1995. 8. 15)

통일의 노래

백록담 맑은 물은 세월 속에 잦아들고
　검바위 억센 기상 찬비 맞아 여위는데
　　북녘 향한 나그네 눈길 구름 속 헤매네

천지물 비구름 되어 만경들에 내려앉고
　성산포에 돋은 해가 두만강물 데우는데
　　한피 나눈 남남북녀 길 험하다 머뭇대랴

사랑이 총검 녹여 논밭 가는 쟁기 되고
　돈과 이념 모질어도 사랑 앞에 거품되니
　　사랑으로 하나되어 잘린 국토 이어보세

백두산 용암 흘러 육대주에 등불 되고
　한라산 바람 불어 오대양에 봄이 되니
　　배달겨레 설악 올라 세계평화 노래하자

(『동대신문』 1995. 8. 15 광복 50주년기념회)

사랑마차

여름 장마 갠날
북한산 올라 하늘 본다
아득히 머언 옛날
선조님 쉬고 간
바위 앉아
드높은 하늘 본다
천둥 번개 마구 치는 어두운 밤
오늘을 잉태한 조상님네 고난 되새기며
가없이 넓은 하늘 우러러본다
그리고
회옥색 하늘에 잠긴
창조주 참뜻
아니 그 섭리 헤아려 본다

그 이 함께 바위 앉아
물소리 듣는다
태고부터 흐르는
끈질긴 역사의 숨소리 듣는다
모난 돌에 부딪히고
벼랑 굴러 상처 나도
콸 콸 쏴 쏴
산골짝 뒤흔드는 산울림 들으며
하늘 향해 솟구치는

민초 분노 생각한다
하 많은 시련 이겨낸
겨레의 영광에 감격해 본다
그리고
마주 보며 함께 앉아
기나긴 인고속 피어나는
그 잔잔한 미소의 여운 들어 본다

머 언 훗날
아들 손주 뛰놀 바위에 앉아
오 내리는 이의 염통에 넘치는
겨레의 사랑 읽는다
화 안한 얼굴에 가득 담긴
자유 평등 평화 향한
소망 읽는다
우직한 두 어깨에 실린
통일에 대한 믿음
바로 그 겨레의 확신 읽는다
그리고
평화 함께 통일
'사랑마차'에 실어
후손에 물리겠단
겨레 모두의 당찬 결의
읽고 또 읽어 본다

(일기장 1989. 6. 2)

찬란한 아침

아! 찬란하구나
흰눈 같은 겨레 얼
짙게 배인 배달겨레의 **靈峰**
저 백두 정상에
아침해
찬란히 비치는구나
겨레 요람이요
혼백 서려 있는
백두산을 오르게 되다니
그 감동과 감격
우람하다 할까
거창한 파도 되어
내 가슴 출렁이게 하는구나

겨레여! 배달겨레여!
뜨거운 나라사랑
큰 꿈
억센 기상 모아
백두산 되고
천지물 흘러내려
압록 두만강 되건만
그 聖山
이웃 나라 땅 밟고 오르며

내 나라 강물에
남의 나라 배 타야 한다니
그 크나큰 역사의 모순
겨레 회한
허물어 청산해야 한다
궤도 잃은
역사의 수레바퀴
바로 잡기 위해
굳게 뭉쳐 하나 되어야 한다
아니 자유 평화 담긴 통일
그 통일 부활해야 한다
동해물과 백두산
마르고 닳도록
통일 조국에
겨레 함께 길이 살아야만 한다

잠시 후 백두 정상
오르게 된단다
천지물 흘러내려
백록담 채우고
한라산 바람 불어
얼어 붙은 천지물 녹여
통일부활 할 때
솟구치는 겨레의 힘과 밝은 지혜
인류문화 창달에
기여하게 되리라

내 나이
육십 두 해 앞둔 지금에야
겨레 성산 오르게 된다지만
그 역사의 모순 비정 탓하기 앞서
배달의 빛날 영광 위해
할 일 무엇인지
곰곰이 생각해야 한다
그 사명 다하기 위해
각오 새롭게 해야만 한다

정상 올라 이런 꿈 꾸고 싶다
천지 향해
"단군 후손 하나로 뭉쳐야 산다"
큰 소리 외치면
"통일부활 하는 길 사랑뿐이다"
산울림 되돌아오고
그 메아리 천둥 되어
동북아
아니 온 누리에
울려 퍼지는
그런 백일몽 꾸고 싶단 말이다

(고구려유적 답사기 1992. 7. 5)

백두산 올라

이웃나라 길을 빌어 백두정상 올라서니
천지물 검푸르기 그 옛날과 다름없고
칼 갈고 남은 숫돌 찾아들고 다시 보니
남이장군 새겨논 '애국' 두 자 뚜렷한데
분단되어 얼어붙은 겨레 마음 생각하니
염천에 흘린 땀이 앞가리는 눈물되네

눈물 거두고 멀리 호태왕 비석 바라보며
모진 고난 이겨낸 감투정신 생각하고
이웃 요서땅 경략한 백제의 꿈 상기하며
범상찮은 겨레 雄圖 헤아려볼 만하고
麗濟와 힘모아 당병 몰아낸 일 되새기며
통일 위한 겨레의 포용력 확인하겠네

훼손된 통일의 부활 겨레 바삐 할 일인데
문화의 동질성 회복하는 일 먼저하고
이념 달라 오염된 불신의 강에 다리 놓아
겨레 합심해 다리 위에 믿음탑 쌓으며
잔잔한 믿음의 강물 위에 통일호 띄우고
사랑의 노를 저어 통일 부활 이뤄보자

(고구려유적 답사기 1992. 6. 27)

장수왕과 대화

장군총에 올라서 장수왕 혼백 불러
남녘 향해 발길 돌린 까닭 묻자니
북풍한설 모진 위에 뭇떼놈 행패로
북진 뜻 거두고 남행길 들어섰다네
또 다른 이유 말할 듯 입 다무는데
삼국통일의 뜻도 있었다는 말인지
강 건너 조국현실 소상히 일러주며
잘린 국토 하나되는 길 묻고 물으니
밤낮 없이 궁리하고 생각해 보아야
통일에 이르는 길은 사랑뿐이라네

(고구려유적 답사기 1992. 6. 28)

통일외교

韓美 정상 탐라 찾아 시원한 새벽 만나
　한반도 평화통일의 길 찾느라 애썼는데
　　南北美中 4자회담 열어 타결하겠다네

제집 추스를 힘 없으면 이웃참견 당할 뿐
　역사교훈 잊고 허둥대다 낭패보지 말고

열강 다툼속 정신 바짝차려 뒤탈 없기를

美日뿐 아니라 中露와 더욱 친밀해지며
남북 믿음길러 오가는 길 활짝 열어놓고
겨레 감싸고 사랑하며 통일소망 이루자

(일기장 1996. 4. 16)

스승의 표상

반만년 역사의 등불 광풍에 휩쓸리고
흰 눈같은 겨레 얼이 왜인에 짓밟힐 제
장안 서편 사직골에 선생님 나으셨네

인자한 부모품에 안겨 사랑을 배우며
이른 새벽 종소리에 손모아 기도하고
동무 함께 뛰놀며 맑고 굳게 자라셨네

스승뜻 이어받아 겨레역사에 눈뜨고
성경에 가득 담긴 인류문화 쓰고 익혀
배달의 뿌리 찾아 어둔 밤길 헤치셨네

밤낮없이 탐구 힘써 빛나는 업적 내고
사랑을 채찍삼아 제자길러 횃불되며

지사 닮은 참선비로 올곧게 사시었네

어느날 학이 되어 하늘나라 오르시니
　넓고 깊은 학문업적 샛별처럼 빛나고
　난향같은 삶의 여운 멀고 널리 퍼졌네

뜨거운 나라사랑 세월 속에 붉게 타고
　북돋운 겨레얼은 강물되어 흘러내려
　남북이 하나되는 등대되고 뱃길되리

(『실학사상연구』10・11집 홍이섭선생
25주기기념호, 1998)

'통일호' 북한 가다

1995년 6월 25일 17시 20분
영원토록 기억될 순간
통일호 '씨-아펙스'
나진 향해 동해항 떠나던 날
쌀자루마다 넘치는 사랑
얼어붙은 겨레마음 녹이리

1950년 모진 시련 딛고
오늘 우리 우뚝 서서

쌀가마에 담아 보낸 사랑
불꽃보다 더 뜨거우니
그 사랑 엮어 통일집 짓고
겨레 함께 길이 살아보자

(일기장 1995. 5. 25)

사랑의 쌀

미워도 내핏줄 고와도 동포인걸
헐벗고 굶주린단 소문 전해듣고
눈 귀 가리고 목석처럼 어이살랴

이웃 나라 옷밥 보내 돕는다는데
뒤늦게 줄것 주며 빈축 사지말고
서둘러 양식 보내 한핏줄 구하자

(일기장 1996. 1. 8)

復活頌 부활의 노래

倍達所望復活統一	배달 겨레의 소망 통일 부활하는 일인데
分土散親何時平合	잘린 국토 헤어진 혈육 어느때 합쳐지려나
史輪不停天主之理	역사의 수레바퀴 쉬지않음 하늘 뜻이라서
南北頂上談論國運	남북정상이 나라운명 의논하게 된다 하니
玄武朱雀近日相交	가까운 날 남남북녀 교류하게 될 것일세
雲月入西暢日東出	구름가린 달 지면 밝은 해 솟는다 했으니
不遠槿花滿開於東	동방에 무궁화 활짝 필 날 머지 않았다네

(일기장 2000. 6. 13)

백마고지의 교훈

철원 땅 백마고지
동족상잔의 싸움터
지난날 예서 벌어진
겨레의 비극 되새겨 보자

밤낮 없이 퍼분 대포알
산봉우리 헐어 뭉게고
형제 원수되어 싸우다 흘린 피
냇물 되어 흘러내렸다네

이기고 진자 없는 싸움터에
겨레 흘린 검붉은 핏자국
허공 떠도는 뭇 혼백들
분단의 골만 깊이 판 크나큰 희생
아니 그 가슴 아프고 쓰린 상처
평화 통일만이 치유할 수 있음
거듭 다짐하면서
'전쟁유물관' 나서는
나그네 발길 무겁기만 하다

(답사기 1992. 11. 14)

6·25전란의 교훈

남침의 포성 천둥되어 온누리 뒤흔들고
　맹수같은 철갑차 겨레의 삶터 짓밟으니
　　이에 형제 원수된 비극 벌어진 것이라네

죄없이 귀한 생명 삼백만 넘어 희생되고
　하 많은 문화유산 불타 잿더미 되었으니
　　편작 담징 불러와도 회복할 길 전혀 없네

6·25 전란 원인 미소의 38선 분할에 있고
　국토분단 일제 식민통치 씨 뿌렸다 하나

크고 무거운 책임 겨레 모두에도 있다네

동족상잔의 큰 죄 남침한 북에 있다지만
침략 틈새 보인 남녘에도 허물 없잖으니
죄와 허물 탓하기 앞서 다함께 회개하세

참회하며 흘린 눈물 끊긴 핏줄 이어주고
남북으로 갈린 겨레얼 하나로 어우러져
삼천리 방방곡곡 통일부활 꿈 일렁이네

글쓰기를 마치며 오늘의 나를 헤아려보니
꿈많던 시골소년 耳順의 역사학도가 되어
겨레 헤쳐나갈 앞날 생각에 단잠 설친다네

(일기장 2000. 6. 25)

겨레의 꿈

통일집 다시 지을 때 믿음길러 주추 놓고
오천만 소망 합쳐 赤松기둥 곧추 세우며
사랑 엮어 지붕 잇고 겨레 함께 살아보세

평화스런 요람 속에 풍요 기쁨 함께하고
찬란한 문화 숨쉬고 자유와 평등 누리며

사랑 봉사 희생 통해 인간존중 실현하세

통일후 배달겨레 뜨거운 사랑 바탕 삼아
    황량한 지구촌에 믿음과 소망 씨 뿌리고
    짓눌린 인류에게 자유 평등 평화 전하자

로켓 몰고 달나라 올라 토끼와 함께 놀고
    달빛 타고 오작교 내려 은하수 신비 캐며
    우주를 맘껏 나는 것이 겨레의 꿈이라네

(일기장 2001. 8. 15)

통일부활의 당위

　우리 민족은 일찍부터 동북아에서 문화민족으로 알려져 왔다. 우리는 문화민족으로서의 자긍심을 가지고 민족문화 창달에 힘써 특유의 문화전통을 확립하게 되었다. 지난 역사를 돌이켜볼 때, 우리 민족사는 외침과 내란 등 끊임없는 시련을 이겨내며 성장 발전하여 오늘에 이르렀다. 거듭된 역사적 시련을 극복할 수 있는 신념이랄까, 용기는 민족문화에 대한 자긍심으로부터 나왔다 할 것이다.

　지금 우리는 산업사회에서 정보화사회로 이행하는 전환기적 상황하에서 많은 과제를 극복해야 하는 역사적 시련에 직면해 있다. 그 대표적인 것 한 가지를 들어보면, 남북분단에서 오는 민족문화의 이질화 극복이라 할 것이다.

　우리 민족은 일찍이 고대사회에서 중세사회로 옮겨가는 과정에서 역사 전통과 문화적 성격이 서로 다른 삼국을 통일하는 데 성공한 경험을 지니고 있다. 지금 우리는 삼국통일 과정에서 얻은 선조들의 지혜와 경험을 역사적 교훈으로 삼을 수 있다. 이 같은 역사적 성공 사례와 교훈을 통해 우리는 문화민족으로서의 자긍심도 가질 수 있게 된다. 이 자긍심은 우리로 하여금 민족문화의 이질화, 남북분단의 시련을 반드시 극복할 수 있다는 신념과 용기를 가지게 할 것이다.

　일부 사람들은 민족문화 이질화의 주요 원인이 된 분단 상태를 극복하는 일이 쉽지 않다 하여 통일의 가능성을 비관적으로 말하고 있다. 그러나 지금 우리가 추구하는 통일은 그 옛날의 삼국통일과는 달리 외세에 의해 분단된 남과 북을 본래 상태로 회복하자는 것이다. 다시 말해서 통일을 부활시키자는 것이다.

어떤 이들은 남과 북이 모두 원한다 해도 이해관계가 엇갈리는 주변 열강의 반대 때문에 통일부활은 이루기 어렵다고 말하기도 한다. 그러나 한 나라의 흥망성쇠를 좌우하는 결정적 요인은 나라 밖으로부터 오지 않고 안에서 싹터 자라난다는 역사적 교훈을 음미할 필요가 있다. 혹자는 삼국시대와 오늘날은 시대 및 역사적 상황의 격차가 크다는 점을 내세울 것이다. 하지만 시대와 상황의 차이를 초월하는 세계사 내지 인류 역사의 본질적 공통성이 있고, 오늘날 동서독이 통일된 선례가 있다는 사실을 유의해야 할 것이다. 그리고 우리 민족문화의 성격 중에는 한 번 내세운 목표는 끝까지 추구하는 강인성, 대립 갈등과 혼란을 조화롭게 조정하는 융통성은 물론, 철학 차원 이상의 종교지향적 포용성이 있다는 사실을 상기할 필요가 있을 것이다.

이와 함께 민족문화에 대한 자긍심을 높이기 위해서는 무엇보다도 국사와 국어 등 국학의 진흥을 통해 전통문화에 대한 인식능력을 확대시키는 일이 중요하다는 점도 지적해 두어야 할 것이다.

(『동대신문』 1998. 3. 2)

땅굴의 교훈

　지난해(1976) 5월 중순경 수도여자사범대학 국사교육학과 학생들을 인솔하고 북한 공산군이 남침을 목적으로 파내려 온 땅굴을 답사한 적이 있다. 서울에서 땅굴 현장까지는 버스로 4시간 좀 넘게 걸렸다. 땅굴이 점점 가까워지자 안내장교의 설명에 귀를 기울이면서 차창을 통해 눈 앞에 전개되는 주변 정경을 주의 깊게 살펴보았다.
　안내장교의 말을 들어보니, 철원평야 한복판에 우뚝 솟은 '노적봉'이란 산에는 1개 연대쯤 되는 꿩들이 득실거리고, 들 가운데 넓은 호수에는 물보다 더 많은 고기들이 우글거리고 있다고 한다. 하지만 그런 설명을 들으면서도 자연자원의 풍요가 느껴진다기보다, 그처럼 자원을 방치할 수밖에 없게 만든 것이 누구인지 묻고 싶었다. 북한 공산집단은 휴전선 남쪽에 위치한 저수지의 수원을 끊기 위해 산을 뚫고 물길을 돌렸다고 한다. 이 같은 말을 듣자 싸아한 울분을 느끼는 한편, 단일민족의 붉은 핏줄이 끊기는 아픔이 느껴졌다. 후손들의 발길이 끊어져 폐허가 된 이름 모를 묘소와 지탱할 기력이 없어 비스듬히 기울어진 묘비에서는 이산가족의 슬픔이 새삼 절실해졌다. 도로변 옛 집터에 아카시아 숲이 우거지고, 그 숲 속에 복사꽃나무 가지가 바람에 나부끼고 있는 것을 바라보며 세월의 덧없음과 역사의 비정함을 생각하였다. 안내장교의 설명을 듣고 차창밖의 정경을 건너다 보면서, 4반세기 전 6·25전란의 비극을 되새겨보지 않을 수 없었다.
　땅굴이 있는 산 중허리에 도착, 안내장교를 따라 땅굴 내부를 답

사하였다. 이미 보도를 통해 땅굴이 어떤 것인지는 대강 알고 있었
다. 그러나 실제로 현장에 와 보니, 우선 땅굴의 크기가 엄청나고 굴
착계획이 주도 면밀하다는 점에 놀랐다. 북한 공산군의 남침계획과
그 야욕이 얼마나 철저하고 집요한 것인가를 새삼 느꼈다. 북한 공
산군과 대치하고 있는 오늘의 긴박한 상황 하에서, 이 땅굴은 6·25
전란과 같은 동족상잔의 재발을 억제하는 반공교육장의 산 표본이
될 수 있을 것이다. 또한 철저한 반공교육을 통해 국민의 반공의식
과 일체감을 고취함으로써 예상되는 공산군의 침략에 효율적이고
적극적으로 대응할 수 있을 것이라 생각하였다.

땅굴은 지상으로 남북을 가로막는 휴전선을 관통했으면서도, 현실
적으로는 남북분단을 더욱 고착화시키고 있다는 데 민족적 고뇌가
크다 할 것이다. 남북분단의 장기화는 무엇보다도 우리 민족이 거듭
된 시련을 극복하며 지켜온 민족문화의 동질성을 훼손하는 주요 원
인이 된다고 생각하기 때문이다.

땅굴 답사를 마치고 돌아오는 버스에서는 자리를 뒷좌석으로 잡
았다. 우리 민족이 당면한 엄청난 고뇌와 시련, 즉 이 남북분단을 극
복할 길을 어디서 찾을 것인가. 곰곰이 생각해 보았다. 식견 메마른
풋내기 역사학도가 해답을 풀어내기에는 너무나 거창한 문제이다.
그러나 이는 오늘을 사는 우리 모두가 간과해서도, 소홀해서도 안
될 절박한 과제라 할 것이다.

우선, 우리는 유구한 역사와 문화전통을 가진 민족이라는 자긍심
을 제고해야 한다. 이로써 민족문화의 동질성을 훼손하는 외래적 영
향을 배격하고 민족이 주체가 되어 평화적이며 민주적 방식에 의해
통일을 이룩해야 할 것이다. 이것이 6·25전란과 같은 동족상잔의
비극을 다시는 겪지 않고 통일을 이룩할 수 있는 최선의 길이라고

생각하기 때문이다. 그럴 수 있을 때 우리 민족은 선조로부터 물려 받은 창조적 역량을 발휘하여, 동북아의 평화는 물론 세계 인류의 발전과 번영에 이바지할 수 있게 되리라고 믿는다.

생각을 멈추고 피로해진 머리를 쉬기 위해 억지로 잠을 청해 보았다. 그러나 땅굴에서 받은 충격이 너무 컸던지 잠이 쉬 오지 않았다. 눈을 억지로 감은 채 남북의 통일전략을 생각해 보았다. '적화통일론'으로 일관하고 있다는 북한 공산군의 통일전략, '북진통일론' '멸공통일론' '승공통일론' '반공통일론'으로 변천하는 남한의 통일전략이 모두 떠올랐다. 이런 저런 생각을 하다 보니 시간이 상당히 흘렀던지 …… 주변이 선덜해서 눈을 떠보니 버스는 벌써 서울 시내로 접어들고 있었다.

요즘(2001. 8)엔 '햇빛정책'으로 남한의 통일전략이 바뀌었다고 한다. 통일전략이야 역사적 상황에 따라 바뀔 수 있겠지만, 민족사가 추구하는 통일의 궁극적 목표는 변함없이 오직 하나뿐이다. 즉, 통일은 한국사의 궁극적인 목표가 아니라, 우리 민족 모두가 인간답게 살 수 있는, 예컨대 인간이 존중되는 조국(사회)을 건설하기 위한 방법에 지나지 않는다. 통일은 정치적 자유·경제적 풍요·사회적 평등·문화 향수권의 공유·지역 내지 국제적 개방이 이루어진 위에 종교신앙의 자유가 보장되는, 그런 사회(조국) 건설을 위한 방법에 불과한 것이다.

(『월간 화폐계』 5-11, 1977년 11월)

인생의 의미

여호와

인생길 고달파도 여호와 안식처 되고
어둔 밤길 걸어갈제 주는 샛별 되시니
빛 따라 천당 올라 주님 함께 살리라

검은사탄 덤벼도 여호와는 창검 되고
가시밭길 험하나 주는 가죽신 될지니
사랑 소망 믿음의 땅 바로 예 있구나

(일기장 1996. 2. 2)

거제도 뱃길

부르릉 쾌속정 파도 가르며 새처럼 날고
맹수처럼 밀려온 물보라 선창 뒤덮치니
풍파 헤매는 고깃배 보며 요나 생각하네

(답사기 1997. 8. 11)

향수

산 헐고 다리 세워 수렛길 넓혀놓아
고향길 삼백리 세 점 길로 헐해져도
생활속 귀향 길 세월 따라 멀어지니
하늘나라 선조께 고개 숙여 묵념할 뿐

(일기장 1995. 6. 18)

停年紀念頌　정년기념의 노래

李門一士生於關西	평안도 지방 이씨 가문에 한 선비 태어나서
光啓暗愚使人開明	우매한 자 밝게 깨우쳐 지혜로운 사람 되고
麟雙麒來瑞氣充世	기린이 나타나 상서로운 기운 세상에 넘치니
任命攝理閑詠聖歌	운명 섭리에 맡기고 한가로이 찬송 부르소서

(李光麟先生 停年紀念銅板. 1989. 2)

사랑의 채찍

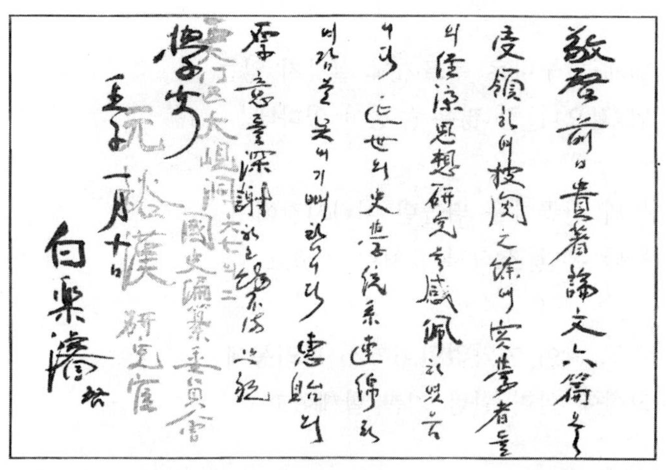

敬啓 前日 貴著 論文 六篇을
受領하여 披閱之餘에 實學者들의
經濟思想 研究를 感佩하였습니다
延世의 史學統系 連綿하여 감을
못내 기뻐합니다
惠貽의 厚意를 深謝하고 餕不備 只祝學
安

壬子一月十日
白樂濬 啓

누님의 노쇠

내게는 누나로 부르기에 걸맞지 않는
범 같으나 정 많은 누님이 있다네

두뫼 산골마을 뛰놀던 어린시절에
누님 온단 소식 복음처럼 기뻤고

죽고 삶이 기약없던 6·25 난리통에
고향에 살며 환란 기쁨 함께했고

푼푼찮고 어렵사리 중학 공부할 때
서울 부산 따라살며 큰 신세 지고

분수 넘친 대학원 공부 탈없이 마침
그 큰 은혜 다른 곳에 있지 않고

비빌언덕 별로 없이 오늘 내가 있음
한 없는 사랑과 보살핌 덕분인데

태산같이 높은 은공 반도 갚기 전에
돋뵈는 누님 노쇠 내마음 적신다

(일기장 1996. 6. 5)

아들 위한 기도

하나님 아버지 건강하고 성실한 두 아들 주신
은혜 감사합니다

위로 하나님 믿고 경외하며 모든 이웃 사랑하는
아들 되게하소서

일상의 작은 일에도 감사 감격하며 사물의 밝은
면 먼저 보는 지혜로운 아들 되게하소서

모진 시련에 좌절하지 않으며 평탄과 행복 속에
겸허할 줄 아는 아들 되게하소서

서로 화목하고 베푸는 삶에 보람느끼며 이웃섬기는 일이
성취의 바른 길 됨을 아는 아들 되게하소서

자신과 이웃 위해 할 일과 하지 않을 일 분별하며
먼저하고 나중할 일 판단하는 아들 되게하소서

자신이 겨레와 인류구성의 기본 됨을 깨닫고
나라번영 세계평화 위해 힘쓰는 아들 되게하소서

여호와의 풀밭 시냇가에 쉬며 밤길에 두려움
모르고 노상 빛속에 사는 아들 되게하소서

그리고 항상 기뻐하고 언제 어디서나 주님께
감사기도 하는 아들 되게하소서 아멘

어머니 아버지

(일기장 1988. 9. 8)

희연의 탄생

어언 삼십여 년의 세월 흘러갔다
무지개 타고 희연 선녀 되어 내려왔네

전능하고 거룩한 아버지 하나님
밝고 맑고 예쁜 희연 주심 감사합니다

희연의 건강과 지혜 허락하시면
갈고 닦아 선하고 참되이 살게 하리다

(일기장 1996. 6. 28. 15 : 27)

희연의 첫돌

하나님 큰 뜻 있어 백옥으로 희연 빚어
사랑의 나래 달아 이 땅에 내려 보내셔
몸과 영혼 고이 자라 첫돌을 맞이했네

선녀 같은 희연공주 모든 이에 기쁨 주고
뜨는 지혜 맑은 눈빛 샛별처럼 반짝이며
예쁜얼굴 고운마음 온 누리에 소망 주네

믿음 위에 우뚝 서서 이웃사랑 먼저하고
성경말씀 귀기울여 소망의 길 따라 갈 때
주 영광 땅의 평화 어우러져 천국 이루리

서기 1997년 6월 28일

작은어머니 작은아버지
어머니 아버지
할머니 할아버지
함께 축하

(일기장 1997. 6. 28)

종윤의 탄생

하나님 뜻이 있어 연철로 종윤 빚어
환한 빛 실려 세상에 내려 보내시며
사랑 소망 믿음의 삶 살라 이르셨네

꺼져가는 생명에 소생의 길 여는데
어리석은 삶에 밝은 빛 비추는 일에
아픔을 이기고 건강 회복하는 일에
탈진한 영혼에 새 기운 불어넣는데
낡은 세상 새땅으로 갈고닦는 일에
모든 이의 앞장서 수범 되게하소서

여호와의 풀밭 물가에 쉬게 하시고
어둔 밤길에 두려움 느끼지 않으며
이웃 돕고 사랑하는 데 보람 느끼며
노상 주안에 살며 빛을 잡게하소서

1999. 1. 25(월) 15 : 01
희연 · 어머니 · 아버지
큰어머니 · 큰아버지
할머니 · 할아버지 함께 축하

允　　：信 · 當 · 肯 · 眞
기원　：사랑 · 소망 · 믿음
　　　　Revival · Renew · Restore
　　　　Recharge · Recreate

(일기장 1999. 1. 25)

鐘奕百日頌　종혁의 백일노래

元門一雄出於恩平　　서울 은평지방 원씨 집안에 한 호걸 탄생해
鐘聲磬和使人覺醒　　종·경을 함께 울려 어리석은 이들 일깨우고
奕德廣施世人共榮　　큰 덕 널리 베풀어 모든 사람 영화롭게 하며
任命攝理貫行公平　　한평생 하나님 의지하고 공평한 삶 살으시오

서기 2001년 1월 4일

종윤·희연
작은어머니·작은아버지
어머니·아버니
할머니·할아버지
함께 축하

(일기장 2001. 1. 4)

조롱박을 심는 뜻은

직업이 훈장이다 보니 종종 제자들의 결혼 주례를 맡게 된다. 그때마다 주례사를 맺음하는 말로 '최선의 노력을 다해도 해결할 수 없는 어려운 일을 당해서는 종교에 귀의하여 신앙심으로 극복하라'는 당부를 한다. 그들 신혼부부가 인사차 집에 들르면, 조롱박에 '사랑·소망·믿음과 노상 빚을 잡게 하소서'라는 글을 새겨서 결혼축하 선물로 준다. 마음 속으로 이들 부부가 이웃을 돕고 베푸는 일에 기쁨과 보람을 느끼게 되기를 기원한다.

가까이 뫼시는 은사님이 영예로운 인문과학부문 학술원상을 받으시게 되었다. 선생님 자신은 물론 우리 제자들 모두에게도 크나큰 기쁨이요 영광이었다. 이 기쁨과 축하의 뜻을 어떻게 전해드려야 할 것인가. 많은 생각 끝에 '주기도문'과 '사도신경'을 조롱박에 새겨서 축하의 선물로 드렸다. 귀중한 선물을 주어 고맙다는 인사말씀을 하고 또 하셨다. 선생님의 양친께서도 그 조롱박을 보시고, 가보로 삼을 만하다고 하시더란 말씀도 함께 전해주셨다. 사람의 마음을 감동시키는 데는 성경 말씀 이상의 것이 없구나 하는 생각이 들었다.

매우 가깝고 허물 없이 지내는 친구가 있다. 그 역시 훈장인데다 대학 동문이라서 두 집안은 서로 친교가 두터운 사이다. 그 친구는 주일예배에 참석하여 목사님 설교시간만 되면 코를 골며 잔다는 것이다. 주변이 민망해서 흔들어 깨우면 다시 코를 골아서 이러지도 저러지도 못하는 것이 친구 부인의 고민(?)이란다. 우스갯소리로 이렇게 말해 주었다. "코를 골아도 집에서 낮잠 자며 고는 것보다야

교회에 나가 고니 얼마나 다행이고 감사한 일이냐고”. 머지 않은 장래에 코를 골며 자는 일도 없이 목사님 설교를 경청하게 될 것이라고 하였다. 이 같은 사실은 그가 생일선물로 받은 주기도문이 새겨진 조롱박을 그처럼 소중히 간수하고 있는 사실을 미루어 짐작할 수 있다고 말하였다.

손아래 동서가 대학병원에서 불치병 진단을 받았었다. 마흔 다섯이니 한창 일할 나이인데 말이다. 문병을 가서 무슨 말로 위로를 할 수 있단 말인가. 조롱박에 사도신경을 새겨줌이 좋을 것 같다는 생각이 들었다. 성경 말씀을 빌어 위로와 회복을 기원하는 뜻을 전하기 위해서였다. 그가 세상을 떠난 얼마 뒤에 들은 말이다. 모진 병고 속에서도 조롱박에 새긴 사도신경을 읽고 또 읽더라는 것이다. 죽음에 직면하여 사도신경을 읽는 그의 심경을 헤아려 우리는 무엇을 배워야 할 것인가. 살아 있는 우리들 모두가 옷깃 여미고 깊이 뉘우치며 생각해 보아야 할 일이다.

평소 존경하는 화백 한 분이 계시다. 지난날 대학총장을 지내시기도 한 그분은 늘 주변의 여러 사람들에게 베푸는 일을 삶의 보람으로 여기는 분이다. 그 연로하신 화백이 ‘화집간행기념작품전’을 연다는 소식을 듣고, 조롱박에 사랑·소망·믿음과 함께 시편 23장 내용을 새겨서 축하의 선물로 전해드렸다. 귀중한 선물 대단히 감사하다고 하시며, 7년 전에 받은 조롱박과 함께 소중히 간수하겠다고 말씀하셨다. 지난날에 드린 조롱박에는 주기도문을 새겼었던가, 기억이 확실하지 않다. 더욱 건강하시고 보다 활발한 작품활동이 있으시길 기원하는 마음 간절하다.

금년에 대학을 졸업하는 둘째 아들에게는 가깝게 지내는 세 친구가 있다. 지난해 연말 아들 친구 중에 한 학생이 조롱박을 갖고 싶어 한다는 말을 전해들었다. 때마침 성탄절에 조롱박 세 개를 골라 '사랑·소망·믿음 그리고 노상 빚을 잡게 하소서'라는 기원을 똑같이 새겨 나누어 주었다. 며칠이 지난 뒤 아들을 통해 전해들은 말이다. 세 친구의 부모님들이 모두 아들 방에 걸려 있는 조롱박을 안방으로 옮겨 걸으시더라는 것이다. 인간의 종교지향적 속성이 더해가는 연륜에 정비례하는 것이라고 한다면, 조롱박의 위치변동은 지극히 자연스러운 현상일는지도 모르겠다.

십년 가까운 세월에 걸쳐 조롱박에 성경 말씀을 새겨서 나눠주기를 게을리하지 않았다. 이 해 봄에도 많은 조롱박을 나눠주어야 할 것 같다. 봄에는 결혼식 올리는 제자들이 많을 것이기 때문이다. 또한 박사학위 취득이 늦어져 초조해하고 있을 독일 유학생 제자에게 격려의 뜻을 새겨 보내야 하겠다. 그리고 새벽 댓바람에 전화로 알려온 제자의 득남을 축하하는 마음을 조롱박에 담아 보내야 할 것 같다.

여건이 허락하는 한 앞으로도 조롱박에 성경 말씀을 새겨 나눠주는 일을 계속하고 싶다. 고난을 당하는 이에게는 격려와 위로의 뜻을 담고, 행복과 기쁨을 누리는 사람에게는 축하와 함께 겸허하라는 뜻을 담아서.

세월이 흘러 흘러 전기인두로 성경 말씀을 조롱박에 새기는 일도 힘겨워질 때가 올 것이다. 긴 말씀을 새기는 일이 어려워지면 '사랑'이란 두 글자만이라도 새기고 …… 그 사랑 두 글자마저 새기는 것도 힘에 겨워지면 그저 조롱박만을 나눠주는 수밖에 없을 것이다. 그리고 나는 조롱박을 심고 또 심게 될 것이고 …….

(『월간 화폐계』 198 호 1990 년 8 월)

은사 추모

홍이섭 선생님(1914~1974) 16주기를 맞이하여 우리 '무악실학회' 회원 일동은 지난날의 학은을 감사하며, 그에 보답하기 위한 작은 정성으로 학회지 『실학사상연구』 창간호를 펴내게 되었다.

지난 1985년 12월 홍 선생님의 가르침을 받았던 문생 8명이 모여 '연무회(延無會)'를 만들었다. 모임을 만든 뜻은, 선생님을 추모하면서 회원 상호간의 친목을 도모하고, 학문을 토론하는 자리를 마련하자는 데 있었다. 그로부터 2년 여가 지난 1988년 2월에 모임 명칭을 '무악실학회(毋岳實學會)'로 바꾸고, 학회지 『실학사상연구』를 펴내기로 뜻을 모았다. 모임의 명칭이나 학회지의 제호(題號)를 실학과 관련시켜 지었던 것은, 실학 연구에도 큰 업적을 남기신 홍 선생님의 학풍 내지 학문 전통을 계승해 보겠다는 외람된 생각에서였다.

우리 학회는 앞으로 『실학사상연구』를 1년에 1책씩 펴내는 것을 원칙으로 정하였다. 또한 학회지의 제호를 『실학사상연구』라고 했지만, 실학 문제를 다룬 논문뿐만 아니라 한국사 전 분야에 관한 논문을 수록키로 하였다. 그리고 지금까지 홍 선생님을 추모하는 뜻에서 쓴 글은 물론, 선생님의 인간상과 학문을 이해하는 데 도움이 되는 자료를 발굴·조사하여 수록키로 하였다.

학회지의 제호 『실학사상연구』는 용재 백낙준 선생님(1895~1985)이 1972년 1월 필자에게 주신 서한문에서 집자한 것이다. 백 선생님은 홍 선생님의 은사였고 그 서한문의 내용이 후학에게 실학 연구를 격려하는 것이었다는 점에서도, 선생님의 휘호를 학회지의 제호로 정한 것은 뜻이 있다 할 것이다.

　시작이 반이라는 속담이 있다. 그리하여 우리 회원 일동은 뜻과 정열만으로 『실학사상연구』를 펴내기로 결심할 수 있었다. 또한, '원어협곡 이성천지해(源於峽谷 而成川至海)'라는 문구가 있는 것을 알고 있다. 그러하기에 우리들은 미래의 꿈만을 향해 오늘의 미숙을 무릅쓰고 학회지를 펴낼 용기를 가질 수 있었다.

(『실학사상연구』 창간사 1990. 3. 4)

부부동문

　연세라는 한 울타리 안에서 같은 학문을 전공한 두 사람이 하나로 합쳐 가정을 이루고, 공동의 목표를 추구하며 살아간다는 것은 부러운 일이다.

　원유한(元裕漢) 동문(56학번 사학과)과 태인자(太仁子) 동문(59학번 사학과)의 결합은 어쩌면 필연적이라 표현하고 싶을 만큼 너무 많은 공통성을 지닌 부부.

　원 동문과 태 동문이 처음 알게 된 것은 원 동문이 군대를 마치고 복교하여 태 동문과 함께 '한국근세사특강'을 들으면서부터였다.

　학문을 계속할 생각이던 원 동문으로서는, 배우자는 학문의 길에 도움을 줄 수 있고 될 수 있으면 같은 학문을 전공한 사람 중에서 선택할 계획이었는데, 이때 원 동문의 눈에 띈 것이 바로 태 동문. 착실하고 섬세한 용모에 첫눈에 반한 원 동문은 치밀한 사랑작전을 시작, 학교 생활을 통해 대강 태 동문의 인간성을 알아보고, 2단계로 접촉작전에 돌입했다. 그러나 만나자고 할 구실이 없어 궁리 끝에 노트와 교재를 빌려달라고 태 동문의 집으로 편지를 띄웠다.

　"정말 저는 그런 뜻이 숨겨져 있었던 것은 까맣게 몰랐어요. 궁금해하시는 저의 어머님께 아무도 아니니 걱정 말라고 말할 정도로 눈치를 못 챘거든요"라고 첫데이트를 기억하는 태 동문의 말에 원 동문은 쾌활하게 웃으며 "그 아무도 아닌 사람이 이제 가장 중요한 사람이 됐군 그래"라며 미소를 띤다.

　이런 식으로 데이트를 시작한 이들은 사학이라는 공통 학문연구의 덕분으로 행주산성을 기점으로 하여 서울 근교의 고적들을 차례로 답사하는 사학도다운 데이트로 사랑이 급진전됐다.

데이트 도중 재미있었던 일은 수없이 많지만, 특히 제2한강교가 놓이기 전 지금은 천주교성당이 세워진 절두산 쪽엘 자주 갔기 때문에 누구보다도 '제2한강교'의 기공식에 참석해야겠다고 말하며 함께 웃던 일, 태 동문의 하이힐을 개의치 않고 모교 뒷산으로 해서 홍은동 쪽으로 무작정 걸으며 애기를 주고받다 보니 태 동문의 하이힐 뒷굽이 떨어져 쩔쩔 매던 일 등은 잊을 수 없다고. 후에 원 동문은 그게 너무 미안해서 구두를 두 켤레나 맞춰 주었다며 자신의 섬세하지 못한 일면을 털어놓는다.

원 동문이 추구하는 길이 '형극(荊棘)의 길'이라고 하는 '학문의 길'이었기 때문에 원 동문으로서는 배우자의 선택에 남다른 신경을 써 태 동문의 인간됨을 살피고자 여러 가지 테스트를 해봤는데 그때마다 모두 흡족할 만한 반응을 받았다고 태 동문을 자랑한다.

원 동문이 졸업 후 2년 가량 지난 다음 결혼을 약속하고 미래를 설계하던 중 우연한 기회에 원 동문을 본 태 동문의 어머니가 원 동문의 털털함에 호감을 가져 적극 서두른 덕분에 65년도에 '외교회관'에서 은사 조의설 교수의 주례로 결혼식을 올렸다.

축사 또한 고 홍이섭 교수께서 해주셨기 때문에 식장은 마치 모교의 강의실 같은 분위기였다고.

금년 모교의 후기졸업식에서 원 동문이 『조선후기 화폐사연구』로 박사학위를 취득하기까지의 10년은 각고의 시절이었다고 회상한다.

학문에 몰두하여 경제적인 면에서는 부족한 남편일 수밖에 없었던 원 동문을 이해하고 뒷바라지해 준 태 동문의 정성에 원 동문은 깊은 감사를 전하며 지금의 영광을 태 동문에게 돌리고 싶다고 한다.

"제가 뭘 한 것이 있다고 저런 말씀을 하시는지 부끄럽습니다. 저는 한 가정의 주부로서 마땅히 해야 할 일을 했을 뿐 별다른 도움을 준 일도 없는데……"라고 태 동문은 겸손해한다.

어려운 살림을 이끌어간 것 외에도 태 동문이 원 동문에게 준 도움은 학문적인 면에까지 미친다.

원 동문이 쓴 논문을 읽어주면 들으면서 어색하거나 수정할 부분을 지적해주는 것이 태 동문의 임무였는데, 가사와 아이들 뒷바라지로 솜처럼 피곤해진 몸으로 원 동문의 논문을 듣다가는 졸기도 일쑤였고, 그럴 때마다 미안해서 어쩔줄 몰랐다고 태 동문은 털어놓는다.

태 동문의 주위에서는 원 동문을 박사로 만든 것은 바로 태 동문의 힘이라고까지 말한다고 전해주며 원 동문은 만면에 흐뭇한 미소를 짓는다.

원 동문은 앞날의 계획에 대해 "경제적으로 안정이 되고 아이들이 좀 크면 저 사람이 공부를 하도록 도와주고 싶다"라고 말한다.

부부가 어려울 때는 서로 위하고 존경하며 공동의 목표달성을 위해서 같이 힘을 합할 때에 진정한 사랑이 있는 부부라고 정의를 내리는 원·태 동문은 물질만능의 풍조가 지배적인 사회에서 물질에 이상을 두지 않고 내면적이고 궁극적인 목표달성을 위해 꾸준히 인내해 온, 모든 부부가 본받아야 할 귀감이라고 하겠다.

모교에서 강의를 하는 한편 수도여사대 교수로 재직중인 원 동문은 자녀교육에 유달리 신경을 쓰고 있다.

재린(11세)과 재일(8세)의 두 왕자를 둔 이들의 사랑의 성(城)은 동부이촌동 '신용산아파트' 18동 109호이다.

(『연세동문회보』 1975. 11. 15)

오늘의 역사

국내성 터

고려탕 안주삼아 고량주로 얼큰해져
석축에 기대서서 눈감고 귀 기울이니
오랑캐 좇아 북진하는 함성 들리는 듯

불볕더위 땀에 젖어 옛성터 거니노니
뒹구는 기와쪽 겨레얼 담고 있으련만
이끼에 가려진 사연 읽어내기 쉽잖네

내나라 역사유적 남의 땅에 묻혀있어
캐내고 밝혀내기 뜻과 달리 어려우니
선조님께 죄송하고 후손에 면목 없네

산넘고 강건너 아득히 머나먼 길 찾아
땀흘려 밝혀낸 겨레문화 더 소중하니
힘겹다 쉬지말고 캐고 닦아 빛내보자

(고구려유적 답사기 1992. 6. 28)

백화점 붕괴의 희비

복마전 삼풍백화점 천둥치며 털썩 내려앉고
우뚝선 북벽만 흙먼지 속에 무심히 드러나니
폐허속 갇힌 뭇생명 눈먼 하늘 향해 울부짖네

이런 비극 잊지말자 너나 없이 거듭 다짐해도
한 해가 멀다하고 터지고 깨지며 또 무너지니
역사에 호소해도 네 탓이라 꾸짖고 등 돌리네

하나님의 모습 따라 참되고 의롭게 태어나서
맺은 언약 접어둔 채 밤낮없이 호화 방탕하니
사랑잃고 미움사서 소돔 고모라 꼴 되나부다

이웃 생명 내 목숨 같아 사랑의 손길 내밀어서
내 생명 제쳐두고 남의 목숨 구하려 뛰어드니
고난의 역사 이겨낸 무궁화 또다시 피었구나

거치른 역사 속에 하루같이 감싸서 세워주고
풍파 일렁이는 세상에 겨레 살림 북돋아주며
흙덤에 묻혀 죽을 어린 생명 구하심 감사하네

비바람 몰아칠 훗날 겨레 함께 살길 밝혀주니
그 은혜 감사하며 또 노상 빛속에 살게하소서

(일기장 1995. 6. 29)

정치 놀이판

당파싸움 듣기 싫어 붕당정치라 이름패 갈아 붙이고
붕당놀이 시답잖아서 정당이라 새이름 지어 부르더니
정당의 갈가마귀 명리 탐하는 꼴 당파 붕당 앞지르네

정치꾼들 서로 앞다퉈 멋대로 편갈라 정당을 꾸리니
호남당 영남당에 덧붙여서 호서당이 또한 불거지고
국익보다 당략 찾고 민의 앞세워 사욕에 골몰하네

우매한 민중이라 업신여겨 외면타가 분명 코 다치고
비정한 역사 앞에 날뛰다가 엄혹한 심판받고 통곡하며
뒤늦게 아무리 후회해도 하나님 귀막고 등돌릴 것일세

(일기장 1995. 7. 18)

옛 총독부건물

두고 보기 역겨워 헐어야 속 시원한 옛 총독부건물
95년 8월 15일 광복 50주년 맞아 첨탑 베어 내리고
일제잔재 청산 위해 할일 했다 박수소리 요란도 하다

가슴에 통쾌한 일 머리속에 담아 곰곰이 생각해야 하고

우렁찬 환호소리에 뚜렷한 역사증거 꺼질 걱정 있으니
톱으로 쓸고 망치 들어 헐기 전 널리 깊게 헤아려 볼 일

백번 들음 한번 보는 이만 못하다는 옛 말을 상기할 때
천만년 먼훗날 역사교육 현장 쓰러짐이 아쉬울 터이니
이훌랑 역사유적 허무는 일에 소홀함 없어야 할 것일세

(일기장 1995. 8. 15)

북한산 보현봉

보현봉 바라보고 발돌리기 몇 번이던가
마음 다져먹고 땀흘리며 정상 올라서니
활기찬 장안풍경 이순의 老眼에 넘치네

(일기장 1995. 9. 9)

영릉의 圭表

세종대왕 영릉 찾아 규표 세우던 날
푸른하늘 맑디 맑아 대왕님 혜안같고
규표에 담긴 겨레슬기 영원히 빛나리

(일기장 1995. 10. 10)

돈통령

높고 귀한 나랏님 돈부자로 둔갑한 날
온 겨레 한숨소리 천둥되어 땅꺼지고
이 소식 번개처럼 지구촌에 경종되네

(일기장 1996. 1. 3)

월드컵 공동개최

월드컵 축구 공동개최 정해진 날
온나라 땅 들먹들썩 한겨레 와글북쩍

왜인 향해 가슴속에 겹겹이 쌓인 한일랑
축구공에 담아 현해탄으로 날리고

인류가 한맘 되고 세계 한마을 된다는데
사랑으로 허물 씻고 정겹게 웃으며

기나긴 역사속에 다지고 키워온 겨레힘
온세상 인류 앞에 두루펴 내보이자

(일기장 1996. 6. 1)

진경시대전 관람

유월달 무더위 속에 간송관 길 묻고 물어
진경시대 겨레 예술품 살펴보니

왜놈 발에 짓밟힌 들에서 우뚝히 솟아오른
겨레의 스승께 고개숙여 절하고

흘러간 역사 속에 오롯이 담겨진 겨레슬기
눈과 귀 아닌 폐부로 읽었으며

그윽이 감은 눈 안에 지워지지 않는 영상은
진리 찾아 고뇌하던 선조들 모습뿐

(일기장 1996. 6. 1)

교생 실습

오색 꽃망울 터지는 소리
교정에 가득 담긴 사월달
달걀속에 간직한 스승의 꿈
햇병아리 되어 삐약 삐삐약
스승의 똥 개도 안 먹는다는 옛말

가슴 깊이 와 닿았으리

따스한 바람 불어
남산 연초록 새옷 갈아입는 오월달
쓰고 달며 시고 매운 스승의 경험
모두 깊이 새기고 반성해
제자의 선과 악
스승에 달려있단 옛말 명심하기를

교육은 나라의 백년대계
그 힘겨운 일 걸머지고 나갈 제군
약속 잘 지키는 일로부터
성심껏 꾸준히 가르치고 이끌면
삶의 보람 영글고 겨레 나아갈 길
해처럼 밝으리

(일기장 1996. 5. 14)

18회 탁본전시회

산과 들에 널려 있는 문화유적 찾아보고
　儒 佛 仙 天敎 진리 담긴 보배 갈고 닦아
　전시회 열기 어언 열여덟 돌이 되었다네

신도비 두드려 공자님 어진 교훈 찍어내고
　　한평생 곧게 살은 옛선비 마음 거울 삼아
　　　충효 우애 아끼는 전통 굳히려 힘써 왔네

돌탑 두드려 부처님 자비의 참뜻 담아내고
　　적선 위해 일생 바친 큰스님 삶 본받아서
　　　주린 사람 돌보는 착한 마음 펴려 했다네

범종 비천상 두드려 오묘한 仙風 불러내고
　　텅빈 하늘 향해 껄껄 웃는 無心 되새기며
　　　우화등선 꿈꾸는 순진함에 향수 느낀다네

묘비 십자문 두드려 희생의 정신 그려내고
　　원수마저 사랑하란 가르침 가슴속 간직해
　　　겨레 원수된 이 땅에 사랑의 단비 되리라

진리 담은 전시회 연륜 쌓이고 알차질 때
　　자비 바탕한 동악의 큰나큰 꿈 널리 펴며
　　　겨레 문화 창달 위해 한톨의 밀알 되리라

(일기장 1996. 10. 24)

탁본전시회 여는 마음

북녘 고운 단풍 남산 옮겨 붉게 타고
우리학과 설립 30년 한 해 앞둔 오늘
전시회 열고 지구촌 현실 되새겨보네

인류문명 밝혀 우주신비 캐내자더니
밀림타는 큰불 보고 허둥대고 있다니
이 엄청난 역설 파헤치려 전시회 여네

지구촌 명분 내세워 선린외교 외치며
이웃 돌섬 탐내 거짓 주장 거듭하니
탐욕의 죄 깨우치려 전시회 연다네

남녘에 풍년들어 추수노래 우렁찬데
북녘땅 우리핏줄 굶주려 죽고 있다니
비극의 책임 밝혀내자 전시회 연다네

이웃사촌 명분으로 기쁨만 나눠가고
사무치는 남의 아픔 모른채 눈가리니
이 非情의 뿌리 캐내려 전시회 연다네

역설 탐욕 비극 비정의 주범 끌어내어
유황 끓는 가마솥에 집어넣는다 해도
그 죄악 다스릴 길은 사랑밖에 없다네

(일기장 1997. 10. 20)

형제 바위

서강 끼고 달린 쇠수레
고개마루 멈춰
가쁜 숨 몰아쉬고
망대 올라
절벽 아래 강물 내려다보니
형님 선돌 절벽 붙어 우뚝 서고
아우 선돌 형님 곁에
정다이 서있네

평창에 발원
酒川 거쳐 흐르는 서강 물에
열목어 노니는 듯
강건너 들녘 봄 향기 토해
나그네 코끝 싱그럽네
바쁜 농부 호미 날에
풍성한 수확 잉태하며
강 건너 산자락에
묏새들
논밭엔
종달이
노래소리 들리는 듯
이래서
동·서강의 경관 빼어나다

명성이 자자한가

내려다보고 또 보며
감탄 감격하고
되돌아보며 아쉬워
남긴 한마디 소망
“천년 지켜 만대에 기쁨 주소서”

(답사기 1999. 3. 25)

동강 댐

동강 구비구비 역사 싣고 흐르는데
강뚝 막자마자 갈가마귀 지저귀나
강물속 열목어 무심한 듯 오내리네

(답사기 1999. 3. 25)

돈의 철학

속담에 "돈은 돌고 돌아야 하는 것이기에 돈이라 한다" 했다. 그래서 옛날에는 돈을 가리켜 샘물처럼 솟아 쉬지 않고 흐르는 보배라고 했다. 그렇다. 돈은 쉬지 않고 돌고 돌면서 상품생산과 유통을 증진하여 경제발전을 돕는 이기(利器)라 할 수 있다. 그러기에 사백년 전 실학자 이수광은 나라를 부강하게 하는 지름길이 돈을 만들어 쓰는 데 있다고 하였다.

흔히 "돈에 대한 인간의 욕망은 한없이 크다"고 말한다. 그리하여 돈이란 모든 사람들이 충분히 갖기를 원하는 것이지만, 충분히 가졌다고 생각하는 사람은 없는 것이 돈이라고 하였다. 사람들의 돈에 대한 욕망은 한없이 커서 일정한 수준에서 만족하기 어렵다는 말일 것이다. 또한 대다수 사람들은 돈이면 천당에 가는 '티켓' 이외의 모든 것을 살 수 있다는 착각에 빠져 있다고 한다. 그리하여 사람들은 보다 많은 돈을 벌기 위해 밤낮으로 바쁘게 뛰고 있다는 것이다.

그런데 현실은 돌고 돌아야 할 돈이 본래의 제구실을 다하지 못해, '부익부 빈익빈' 현상 등 심각한 사회경제적 폐단이 일어나고 있다. 그 중요한 이유가 천문학적인 거액의 돈이 토지에 묻히고 호화저택에 갇히고 권좌 밑에 잠들어 있기 때문이라던가. 삼백년 전 실학자 이익은 돈의 심각한 폐단을 지적하면서 돈은 '백해무일익(百害無一益)'한 것이라 하였다. 그는 돈의 여러 가지 폐단 중에서도 돈이 '부익부 빈익빈' 현상을 조장한다는 점을 가장 심각한 사회경제적 폐단으로 생각했던 것 같다. 삼백년 전 이익이 경험한 그 같은 현상과 요즘의 사회현실을 비교하면서, 다음의 명언을 생각해 볼 필요가 있을 것 같다. "돈은 적게 가졌다는 데 문제가 있지 않고, 모든 사람들이 고루 가질 수 없다는 데 문제가 있다"고 하는 …….

서양 사람들은 돈의 가치 내지 그 역할을 흔히 노예와 노예주인에 비유해 말한다고 한다. "돈은 최선의 노예이지만 최악의 주인"이라고. 사람이 주인이 되어 돈을 노예처럼 부려야지 돈의 지배를 받아서는 안 된다는 말일 것이다. 그리하여 사람이 돈을 지배할 수 있을 때 돈은 사랑과 같이 달콤한 행복의 원천이 되지만, 돈이 사람을 지배할 때는 죽음과 같은 비극의 씨앗이 된다고 하지 않았던가. 백오십년 전의 실학자 이규경은 사람들이 돈을 지배할 수 없게 될 때 다음과 같은 여러 가지 폐단이 일어나게 된다고 하였다.

"모든 사람들이 돈을 사랑하고 돈 때문에 혈육간에 서로 원수가 되고 남편과 아내가 절개를 잃게 되고 장사꾼은 다투고 살인하게 되며 양반은 돈으로 명예를 얻는다."

요즘 돈의 욕망에 사로잡혀 엄중한 역사의 심판을 받게 된 내로라 하는 사람들의 초라한 모습을 바라보며 인생의 허무, 아니 역사의 비정 같은 것을 느끼게 된다.

"돈은 개처럼 벌어서 정승처럼 써야 한다"는 속담이 있다. 표현이 좀 비속하기는 하지만 이 속담에는 힘겹게 궂은 일 하고 정직하게 번 돈을 이웃과 사회 등 남을 위해 보람 있게 써야 한다는 뜻이 담겨 있다. 이 속담은 적지 않은 사람들이 부도덕하거나 불법하게 거액의 돈을 긁어모아 자신과 가족만을 위해 투기하거나 낭비하느라 급급해하는 오늘날의 사회에는 청량제 같은 것이다.

　본시 돈이란, 자신이나 가족을 위해 이기적으로 사용되기보다 이웃과 사회를 위해 이타적으로 쓰일 때, 그 가치는 더욱 귀중하고 크게 느껴진다는 것이다. 흔히 남을 위해 이타적으로 쓰이는 돈의 액수는 그 사회의 의식수준과 비례한다고 말한다. 보다 본질적으로 종교적 차원에서 말하자면, 이타적 목적으로 쓰이는 돈의 액수는 바로 그 사회의 봉사지수 내지 사랑지수와 비례한다는 것이다.

　그렇다면 우리는 얼마나 떳떳한 방법으로 돈을 벌고 있고, 또한 얼마만큼의 돈을 이웃과 사회를 위해 이타적인 목적으로 사용하고 있을까. 오늘을 살고 있는 우리 모두 깊이 반성해야 할 일이다. 더구나, 이타적 명분을 내세워 이기적 목적으로 거액의 돈을 남용한 일은 없었는지, 뼈저리게 깊이 반성하고 또 반성해 보아야 할 것이다.

(『동대신문』 1993. 5. 12)

'전통문화연구소' 설치

'홍대학보'는 이번 호로써 지령 4백호를 맞게 된다. 1955년 8월에 창간하여 만 26년여 만에 4백 호를 내놓게 되는 셈이다. 이를 미루어 보더라도 본 학보가 걸어온 역정이 순탄치 않았다는 사실을 쉽게 짐작할 수 있다. 이러한 역경 속에서도 홍대학보는 꾸준히 성장 발전하여, 그 체재나 내용 면에서 대학신문으로서 손색없는 오늘의 면모를 갖추게 되었다. 그리하여 지령 4백 호를 맞는 홍익인 모두가 가지는 기쁨과 보람은 각별한 것이며, 가슴 뿌듯한 자부심을 느끼게 되는 것이다. 아울러 모든 홍익인이 학보를 보다 알차고 훌륭한 대학신문으로 키워나가겠다는 새로운 결의와 각오를 가지는 계기가 되어야 할 것이다.

한 대학의 학보는 그 대학의 역사가 되기도 하듯이, 홍대학보는 곧 홍익대학교의 성장발전사라고 할 수 있다. 그리하여 홍대학보를 통해서 '홍익인간'과 '산학일체'를 창학정신과 교육이념으로 삼고 있는 본교의 발전사를 엿볼 수 있다. 또한 홍익대학교도 한국사의 큰 흐름 속에서 성장 발전해 왔다고 볼 때, 홍대학보를 통해 축소된 한국사 내지 한국사 발전을 이해 파악할 수도 있다고 본다.

지령 4백 호를 맞는 이 시점에서 학보의 기능이랄까, 그 역할을 생각해 볼 때, 홍대학보는 본교의 성장 발전 과정 내지 같은 시기 한국의 발전상을 투영, 수록하는 일에 비교적 충실했던 것으로 짐작된다. 그러나 학보의 기능이나 존재 의미를 그 대학의 역사 내지 축소된 민족사라는 관점에서 볼 때, 홍대학보는 대학의 성장 발전 내지 민족사 발전을 선도(先導), 촉진하는 방향이랄까, 비전을 제시하는 보다 중요한 소임에는 적극 대응하지 못했던 것이 아닌가 생각되기도 한다.

그리하여 홍대학보는 지령 4백 호를 내는 뜻깊은 이 날을 맞아 종래의 타성에서 벗어나 본교와 우리 민족이 겪은 쓰라린 역사를 반성하고 현실을 냉철히 평가 인식하여 대학 내지 민족사 발전을 선도하는 학보로서 적극적인 역할을 다하겠다는 결의와 자세를 가다듬어야 할 것이다. 다시 말해서, 홍대학보는 투철한 문제의식을 가지고 오늘날 민족사가 대학에 요구하는 역사적 사명이 무엇인가를 정확히 이해하고, 모든 대학들이 그 같은 사명에 적극 대응하는 대학으로 성장 발전하는 데 선도적 역할을 다하겠다는 각오를 새롭게 해야 한다는 것이다.

이상과 같은 문제의식에서 보다 훌륭하고 바람직한 학풍의 조성을 위해서는 전통문화 연구의 활성화가 절실히 요구된다 할 것이다. 우리 민족의 전통문화 연구계발의 필요성을 강조하게 되면, 흔히 진부하고 보수적이라는 선입견을 갖는 사람이 적지 않은 것 같다. 그러나 여기서 전통문화 연구를 활성화시키자는 것은, 우리 민족이 수천 년에 걸쳐 주체적으로 이룩해 온 고유한 민족문화를 무비판적으로 묵수하자는 것이 아니고, 창조적으로 계승 발전시켜 나가자는 것이다.

또한 전통문화의 중요성을 강조하는 것은 새로운 선진문화의 수용을 거부하는 것이 아니라, 전통문화의 인식기반 위에 외래 선진문화를 주체적이며 안정적으로 수용, 보다 다양하고 찬란한 민족문화를 창달하자는 데 주 목적이 있다. 전통문화의 확고한 인식기반 없이 무비판적으로 선진 외래문화를 수용할 때, 이질적인 선진문화에 주체적이고 능동적으로 대응하지 못하고 마침내 외래문화에 탐익 추종하게 되기 마련이다. 전통문화에 대한 자부심과 긍지, 그리고 스스로에 대한 확고한 신념을 가지지 못하고 외래문화에 종속되어 노예가 되는 것처럼 비극적인 일도 없을 것이다.

과학기술 문명이 극도로 발달하여 국가 간의 접촉이 보다 쉽고 빈번해진 오늘날 이질적 문화와의 상호접촉은 보다 용이하고 빈번해졌다. 따라서 한 민족의 외래문화에 대한 저항력 내지 주체적 대응력을 강화할 필요성은 그만큼 절실해지고 있다. 정부당국이 국적 있는 교육을 강화하고 전통문화의 연구계발에 힘쓰는 것은, 소극적으로는 물밀듯 쏟아져 들어오는 외래문화의 유입으로 말미암은 혼란을 막고, 적극적으로는 민족문화 기반을 확고히 다진 위에 주체적으로 선진 외래문화를 수용하여 다양하고 찬란한 민족문화를 창조 발전시키는 데 목적이 있는 것이다.

'홍익인간'이나 '산학일체' 등, 일찍이 우리 대학교가 채택 표방한 창학정신과 교육이념 속에는 위에서 지적했듯이 전통문화의 창조적 계승발전 위에 과학기술 문명의 활용이 극대화된 산업사회 질서를 수용한다는 투철한 역사의식과 미래지향적 비전이 잘 반영되어 있다고 본다. 문제는 앞으로 본교가 이상의 창학정신과 교육이념에 명시된 비전 내지 대학의 교육목표를 얼마나 적극적이고 성공적으로 실현시켜 나갈 수 있는지에 달려 있을 것이다.

이상의 교육목표를 성공적으로 실현하기 위해 먼저 필요한 것은, 전통문화를 창조적으로 계승 발전시켜 나감과 동시에 외래 선진문화, 즉 산업사회 질서를 수용하기 위한 학문연구 내지 교육활동이 대학의 학풍으로 진작되어야 할 것이다. 이 같은 학풍진작이랄까, 쇄신을 위해 선결되어야 할 과제가 가칭 '전통문화연구소'의 설치 운용

이라 할 것이다. 여기서 얻어진 연구성과는 현재 우리 대학, 또는 한
국사회가 이룩해야 할 산업사회 건설에 필요한 선진 외래문화를 주
체적이고도 안정적으로 적극 수용하는 데 중요한 디딤돌 역할을 하
게 될 것이다.

(『홍대학보』 사설 1981. 10. 8)

유형원과 서양인의 대화

구산(龜山) : 웬 일인가, 구천이 아무 연락도 없이 내 집엘 갑자기 찾아오다니. 심심하고 무료하던 차에 몹시 반갑기는 하네만. 무슨 다급하거나 어려운 일이 있어서 이렇게 갑자기 찾아온 것은 아니겠지.

구천(龜泉) : 예고도 없이 찾아뵙게 된 점 죄송스럽게 생각합니다. 그러나 평소 선생님이 언제라도 제게는 문호가 개방되어 있다고 말씀하셨던 것을 잊지는 않으셨겠지요.

　사실, 오늘 별다른 일이 있어서 선생님 댁을 방문한 것은 아닙니다. 그저, 쓰던 원고를 끝맺고 나니 기분이 개운하기도 하고, 또한 세상을 살아나가는 데 긴요한 교훈의 말씀을 듣기 위해 이렇게 갑자기 찾아온 것이랍니다.

구산 : 그처럼 헐거운 마음으로 찾아왔다면야 아주 썩 잘된 일인 것 같네……. 지난날 어떤 친구가 별로 마셔 본 기억이 없는 술을 한 병 가져왔는데, 그 술을 마시며 못다한 이야기를 나누어 보자구. 그 사람 말로는 흔치 않은 서양술이라던데. 그리고 어디 술만 있다 뿐인가, 냉장고 안에는 좋은 안주도 가득 들어 있다네.

―구산 선생님은 마루에 놓여 있는 식탁을 치우신다. 화문석을 마루에 펴고 술상을 차려 놓으신다. 그리고 구천에게 술을 어서 마시자고 재촉이 이만 저만이 아니시다. 화문석은 여간한 손님이 아니고서는 펴는 것이 아니라고 생색을 내신다. 구천은 황공해서

몸둘 바를 모르겠다고, 감사의 말씀과 함께 술을 한 잔 따라드리려 한다. 그러나 구산 선생님은 구천에게 먼저 마시라고 강권하신다. 권커니 마시거니, 몇 차례 술잔이 오가더니 분위기가 얼큰히 취하는 것 같다. 구산 선생님은 의외로 주기가 빨리 온다고 생각해서인지 당황하시는 듯하다. 이에 구천이 쉬 취하는 술은 빨리 깨게 마련이니 염려하실 것 없다는 말씀을 드린다.—

구천 : 선생님이 좋으시다면, 술 마시는 일은 좀 쉬고 이야기를 나누는 것이 어떻겠습니까. 지난날 선생님이 약속하셨던 것처럼, '지봉(芝峯) 이수광(李晬光)의 국부론(國富論)'에 대해 강의를 해주셔도 좋을 것 같고요.

구산 : 구천에게 한 약속을 내가 어찌 잊을 수가 있겠는가. 그러나 '지봉 이수광의 국부론'은 강화도 외포리 '서울회집'에 다시 찾아가서 강의(?)를 하기로 약속했던 것으로 알고 있는데 …… 그리하여 지금 나는 지봉의 국부론에 관한 강의를 구상하고 있는 중이었다네. 그러니 오늘은 구천이 강의, 아니 이야기를 해주었으면 하네만. 지난 어느 날인가, 구천이 기회 있으면 반계 유형원이 서양인과 나눈 대화 내용을 이야기해 주겠다고 말한 적이 있는 줄 알고 있는데, 오늘은 바로 그 이야기를 들어보기로 하세.

　그런데 그 후 내가 고 천관우 님의 책(『한국사의 재발견』210쪽)을 보니, 반계는 청조문화나 서양문화와는 아무런 관련이 없다며, 그 논거로서 『반계수록(磻溪隨錄)』에는 서양에 관한 기술이 조금도 없다는 것을 들고 있었다네. 그래서 구천이 내게 이야기해 주겠다고 했던 반계와 서양인과의 대화에 관한 기사는 『반계수록』 이외의 다른 기록에서 본 것이었는지 …… ?

내가 천관우 님의 책에서 보았다고 하는 내용은 바로 다음과 같은 것이었다네.

"실학이란 청조(淸朝) 문화 혹은 그것을 배경으로 한 서양문화와의 관련을 생각하는 이가 없지 않다. 그러나 조선 후기 실학의 발생기에 속하는 반계는 사실상 청조문화와 서양문화와는 아무런 관련이 없었다. 이 시기는 서울의 지식층 사이에 서양문물이 이미 상당히 소개되고 있던 때로서 ……. 또『홍길동전』의 작가 허균이 북경에서 한인 최초의 천주교도가 된 것이 광해군 2년(1610), 단편적이나마 서양을 소개한 이수광의『지봉유설』이 발표된 것이 광해군 6년(1614), 정두원이 명나라에서 천리경 자명종 등 서양 물건을 가지고 돌아온 것이 인조 9년(1631)이건만,『반계수록』에 서양에 관한 기술이 조금도 보이지 않는 것을 보면 그는 청년 시절까지도 기내(畿內)에 살면서 이 방면에 접촉할 기회가 없었던 것으로 보인다. 부안으로 옮겨가면서부터는 더구나 그러한 신지식과 접촉할 기회가 막혔을 것은 물론이다."

구천 : 선생님의 자상하신 말씀 대단히 감사하게 들었습니다. 그런데 제가 말씀드린 사실, 그러니까 반계가 서양인과 대화를 했다는 사실에 관한 기록은 분명히『반계수록』전제후록고설(田制後錄攷說) 하, 전화조(錢貨條)에 있습니다. 그 기록의 내용은 다음과 같습니다.

"전일에 내(반계)가 친히 표류되어 온 서양인을 만나서 물어
보니, 그 나라(네덜란드)에서는 오히려 은전(銀錢)을 사용한다고
한다. 서양 나라는 옛날의 서역 제국의 남쪽이니, 지금 우리나라
에서는 혼동하여 남만(南蠻)이라고 한다."

반계가 서양인을 만났다고 하는 위 기록 내용을 통해서 그 사
실이 그의 학문 내지 사상 형성에 큰 영향을 주었다고 볼 수는
없을는지 모르겠습니다. 그러나 반계가 실학을 체계화하는 과정
에서 서양문화와 관련이 없었다는 이유로서『반계수록』에 서양
과 관련한 기술이 조금도 보이지 않는다는 점을 내세우는 견해는
수정되어야 하지 않겠느냐, 그 말씀이지요. 그리고 이상의『반계
수록』에 보이는 서양에 관한 기사 내용을 좀 무리하다 싶게 확대
해석해 볼 수도 있지 않을까 생각되기도 합니다.

반계의 학문에 대한 욕구가 얼마나 강렬했으며, 또한 새로운
문화 내지 미지의 세계에 대한 호기심과 탐구욕이 얼마나 크고
진지한 것이었는지에 관해서는 새삼 부언할 필요가 없을 것입니
다. 그러한 반계가 미지세계의 사람인 표류 서양인을 만나 과연
어떤 내용의 대화를 나누었을까, 한 번 상상의 날개를 펴볼 만하
다고 생각합니다. 우선 처음 만나는 사람들이었던 만큼 인사를
나누고 통성명을 하였을 것입니다. 그리고 반계는 서양인에게 어
느 나라에서 살았으며 그 나라는 지구상의 어디에 위치하고 있는
지를 물었을 것입니다. 이 같은 점은 앞에서 인용한 기록에 보이
듯이, 반계가 그 당시에 남만(南蠻)과 혼동하고 있던 서양의 위
치를 수정·파악하고 있다는 사실을 미루어 짐작할 수 있습니다.

즉, 반계가 서양인을 만나 대화를 나누었다는 사실은 그가 보다 정확한 서양관 내지 세계관을 가지는 계기가 되었을 것입니다.

반계는 또 물어보았을 것입니다. 너의 나라, 아니 서양에서는 동전을 사용하느냐고. 이 같은 사실은 위 기록에 보이듯이 "서양 나라에서는 은전을 사용한다"고 답하더라는 내용을 통해 짐작할 수 있습니다. 그러니까 반계는 서양 나라에서는 동전을 사용하고 있는지의 여부를 물었는데, 오히려 은전을 사용하고 있다는 서양인의 대답을 듣게 된 것으로 짐작해 볼 수 있습니다. 그 당시 반계는 화폐유통의 필요성을 강조하면서 각종 화폐들 중에 동전이 가장 이상적인 형태의 화폐라고 생각하고 있었습니다. 그리하여 그는 동전을 법화로 유통 보급시킬 것을 주장하면서, 동전이 국내에서 유통될 수 있다는 자기 주장의 논거로서 다음과 같은 사실을 지적하였답니다.

"또 전폐(錢幣 : 동전)는 생긴 지가 오래되어 오직 중국에서만 사용되는 것이 아니고, 서역 여러 나라와 같은 곳에서도 사용하지 않는 곳이 없다. 근세에는 거란이 동북에서 일어나서 또한 능히 화폐제도를 창설하여 동전을 통용, 나라를 부유하게 하고 백성을 편리하게 하고 있으니 진실로 천하에는 동전을 쓰지 못할 나라가 없다." (『반계수록』, 전제후록고설 전화조)

그리고 반계는 국내에는 동전이 틀림없이 유통될 수 있다는 자신의 신념과 주장의 타당성을 입증하기 위해 표류 서양인을 만나서 대화하는 중에 화폐에 관한 서양의 소식을 타문하기에 이르렀을 것으로 짐작됩니다.

구산 : 그런데 반계가 서양인을 만나 위에서 말했듯이 다만 통성명
만 하고, 또 서양의 위치와 사용하는 화폐 종류를 묻고 확인하는
데 그쳤을까. 그 점이 석연치 않다 할까, 궁금하게 생각된단 말일
세. 그 당시 반계는 양란 이후 전환기의 역사적 상황에 대응할
현실 개혁방안을 구상하고 정리 체계화하는 데 학문적 정열을 집
중시키고 있던 처지였고, 또한 새로운 문화에 대한 관심이랄까,
호기심과 미지의 세계에 대한 탐구욕이 강렬했을 터인데. 어찌
그가 서양인을 만나 나눈 대화 내용이 그리 간단하게 끝나고 말
았겠느냔 말일세. 더구나 반계는 서양인을 길에서 우연히 만난
것도 아니고 친히, 다시 말해서 의도적이고 계획적으로 만나 대
화를 시도한 것 같다는 심증이 굳어지고 있음에서랴.

구천 : 그렇습니다. 그 같은 선생님의 견해에 전적으로 동감합니다.
그런데 …….

구산 : 그런데, 가지고 온 선물을 내게 전하는 것을 잊고 있었단 말
이겠지. 구천이 무엇을 선물로 가져왔는지, 어서 보여주게나.

구천 : 이심전심이란 말이 있기는 하지만, 선생님은 어찌 그렇게도
제 마음속을 들여다보고 계십니까. 선물이라고 말씀드리기에는
너무나도 보잘것없는 것을 가져왔습니다. 이것은 '상추쌈'이고,
저 봉투에 들어 있는 것은 '산딸기'입니다. 상추쌈은 제가 손수
정원 한 모퉁이에 씨뿌려 가꿔서 수확한 것입니다. 그래서 변변
치 못한 것이지만 스스로 대견하게 생각되기도 하여 선생님께 올
리고 싶었습니다. 사모님과 함께 맛있게 잡수시기 바랍니다. 쌈
으로 잡수시고도 남으면 짭짤하게 '상추겉절이'로 만들어 잡수시

면 좋을 것 같습니다. 상추겉절이는 무더위로 잃기 쉬운 입맛을 돋구는 데 더할 나위 없는 별미 중 별미랍니다. 산딸기는 동네 과일가게에서 사온 것입니다. 상자에 담겨 있는 산딸기를 보니 갑자기 가슴속에서 고향에 대한 그리움이 뭉클 치밀어 오르지 않겠습니까. 돌이켜 생각해 보면, 누나·친구 그리고 동생들과 바가지 들고 산딸기 따러 다니던 그때의 아련한 추억 ……. 선생님과 함께 산딸기를 먹으면서 그 옛날 산딸기 따러 다니던 아련한 추억이랄까, 향수를 달래 볼까 해서 사가지고 왔답니다.

 지난날 '고향의 여름'이란 주제로 쓴 글에서 저의 고향 마을을 다음과 같이 소개한 적이 있답니다.

"내가 나서 자란 고향은 삼면이 산으로 둘러싸이고, 동쪽만 트인 산골마을이다. 마을 사람들 모두가 농사지으며 사는 전형적인 농부의 마을이다. 마을 앞 시냇물에 송사리떼 놀고, 뒷산 숲속에 apt비둘기가 알을 품는 내 고향. 쓰르라미 합창 속에 해가 돋고, 저물도록 일손이 멈출 줄 모르는 내 고향 여름. 원두막에 놀러 온 어린이들이 빈손으로 돌아가는 일 없고, 무일푼의 나그네가 푸대접 받는 일 없는 내 고향 인심. 곡식이 무럭무럭 자라는 논밭에서 보람을 찾고, 점심참 버드나무 그늘 아래 단잠 자는 농부의 얼굴에서 평화를 읽는 내 고향마을."

이처럼 아름다운 자연환경에 싸여 한적하고, 부지런하고, 인심 좋고, 평화롭고, 그래서 살기좋은 내 고향의 한 여름에는 이 골짜기 저 산비탈에서 산딸기가 풍성하게 익어가고 있었지요. 기왓집골·돼지골·은행나무골·서당골·범집골·가마골·절터골·물탕서당골·밤동산골·새기실비탈 등등, 이러한 산골짜기와 산비탈들이 모두 제가 어렸을 때 오르내리며 산딸기를 따던 곳이랍니다. 그러나 제 고향집 안방 문을 열면 맞바라다보이는 골짜기 이름은 아무리 애써 봐도 기억이 되살아나지 않는군요.

구산 : 산딸기에 서려 있는 구천의 추억이랄까, 향수가 각별한 것 같군 그래. 그에 관한 흥미진진한 이야기는 이 다음 한가한 기회에 듣기로 하세나. 오늘일랑 시간도 많이 남은 것 같지 않으니, 우리 말머리를 다시 본론으로 돌려보는 것이 어떨는지.

　산딸기를 맛있게 먹으면서 반계와 서양인과의 대화에 관한 이야기를 계속해 나누어 보자, 그 말일세.

구천 : 그렇게 하겠습니다. 앞에서 선생님께서 말씀하셨듯이, 반계가 서양인을 의도적으로 찾아가 만나서 어찌 기록에 나타난 사실만을 이야기하고 간단히 대화를 끝냈을 리가 있었겠느냐는 것입니다. 제 생각으로는 반계가 무엇보다도 서양인에게 토지제도에 관해서 물었을 것으로 짐작됩니다. 그는 토지를 '천하대본(天下大本)'이라 중요시했고, 그래서 토지제도가 정비되어야만 제반 국가질서가 바로잡힌다고 주장하였습니다.

구산 : 반계가 국가 경제면에서 토지가 점하는 비중을 화폐보다 크게 평가했다고 한다면, 서양인을 만나 어찌 화폐에 관해서만 질문하고 토지에 관해서는 묻지 않았겠는가. 반계는 토지제도에 관해서뿐만 아니라, 그가 개혁할 필요가 있다고 생각해서 『반계수록』에 개혁방안을 구상 제시한 정치·경제·사회·문화 등 여러 분야에 관한 많은 문제들을, 자신이 생각하는 우선순위에 따라

차례 차례로 질문하였을 것이 아닐는지. 그리고 서양인은 구체적이고 체계 있는 대답을 할 수 없었는지는 모르지만 질문을 받은 문제들에 관한 서양의 형편을 전해주었을 것으로 짐작이 되네.

구천 : 그렇습니다. 그래서 반계는 대화를 통해 서양문물에 관한 보다 많은 지식을 습득하려 했을 것이고, 또한 그 지식을 자신의 학문 내지 사상을 체계화하거나, 현실 개혁방안을 구상 제시하는 데 직접·간접적으로 활용하려 했을 것입니다. 그 대표적 사례로서, 반계는 서양에서 은전이 사용된다는 새로운 지식을 국내에서 동전이 유통될 수 있다는 자기 주장의 논거로 삼으려 한 사실을 들 수 있을 것입니다. 그리고 화폐문제와 같이 문자로 표출된 사실 이외에도, 반계가 서양인과의 대화를 통해 얻은 서양문물에 대한 여러 가지 지식은 그의 학문과 사상을 체계화하는 데에, 또는 그의 현실 개혁방안을 구상하는 과정에 잠재적으로 활용되었으리라는 점은 짐작키 어렵지 않을 것입니다.

구산 : 지금까지의 이야기 내용을 좀 정리하고, 다음 이야기로 넘어가면 좋을 것 같군, 그래. 그러니까, 『반계수록』에는 서양에 관한 기술이 조금도 보이지 않는다는 종래의 주장과는 달리, 『반계수록』에는 그가 서양인과 대화를 나눈 사실이 기록되어 있다 그 말이지. 그리하여 『반계수록』에는 서양에 관한 기술이 조금도 보이지 않는다는 점을 논거로 해서 조선후기 실학의 체계화 시기에 산 실학자 반계는 서양문화와는 아무런 관련이 없다는 종래의 견해는 설득력을 잃게 된다, 그 말이고. 요컨대, 중국을 통해서 또는 표류 서양인에 의해서 조선사회에 전래된 서양문물은 실학자요 개혁사상가인 반계의 학문 내지 사회개혁사상의 형성 과정에

서 하나의 새로운 요인이 되었다는 사실은 부인할 수 없다는 것
이군, 그래.

구천 : 이를테면, 그렇다는 말씀이지요. 설사, 백보를 양보해서『반
계수록』에 서양에 관한 기술이 전혀 보이지 않는다 해도, 그 사
실이 반계와 서양문물과 관련이 없다는 주장의 근거가 되기는 어
렵다고 볼 것입니다. 그는 새로운 문물과 미지의 세계에 대한 호
기심과 탐구욕이 강한 실학자요 개혁사상가였으므로, 그 당시의
정부당로자들과 지식계층의 관심 대상이 된 서양문물에 대해 결
코 무관심할 수 없었을 것이기 때문입니다. 더구나 역사를 통해
볼때, 한 시대를 대표하는 인물의 인생관과 세계관, 그리고 학문
내지 사상은 그가 살았던 시대의 역사적 산물, 즉 그 시대의 사
회질서랄까, 문화풍토에 의해 특징지워지는 것이 일반적 현상이
라고 함에 있어서랴.

　　그리고 한 가지 더 부언해 둘 것이 있습니다. 반계가 서양문물
과 관련이 있고, 서양문물의 영향을 받았다고 하는 사실이 그가
서양문물을 긍정적으로 수용하는 경우만을 의미해서는 안 된다
는 것입니다. 반계가 서양문물을 부정적으로 평가해서 수용하지
않고 배격하는 경우에도 그는 서양문화와 관련이 있는 것이고,
또한 영향을 받은 것으로 보아야 한다는 것입니다. 다시 말씀드
려서 반계가 서양문물과 관련이 있다고 한다든지, 또는 그 영향
을 받았다고 하는 말은, 그가 서양문물을 긍정적으로 수용하는
경우와 똑같이 서양문물을 거부 배격하는 경우에도 적용된다고
보아야 한다는 것입니다.

구산 : 구천의 이야기를 듣고 보니, 일리가 있는 것 같다는 생각이

들기도 하는군, 그래. 그렇다면, 반계는 위와 같이 서양문물과 그러했듯이 숭명배청사상이 강했기 때문에 청조문화와도 관련이 없다고 주장한 천관우 님의 다음과 같은 견해에 대해서도 할 말이 있을 것으로 보이는데.

　　"그러나 조선 후기 실학의 발생기에 속하는 반계는 사실상 청조문화나 서양문화와는 아무런 관련이 없었다. …… 그는 부안에 있으면서 북벌에 대비하여 집에는 준마를 기르고 활과 조총 쓰는 법을 하인들과 동리 사람들에게 가르쳐 300명을 동원할 수 있도록 평소에 준비가 있었으며 …… 그는 …… 한 번은 표류된 중국인에게서 '청에 쫓긴 명 황실의 후예가 남방에서 완전히 멸망했다'는 말을 듣고 눈물 흘리는 시를 남긴 것이라든지, 당시의 도도한 숭명의 풍조로는 크게 기이하다 할 것은 아닐 듯하다. 이러한 풍조 속에서 그에게 청조문화에 대한 관심의 자취를 기대할 수 없는 것이다." (위의 책, 211~212쪽)

구천 : 그러니까, 반계가 배청 내지 북벌론을 강조했다든지 또는 명나라를 숭배하였다고 해서 그가 청조문화와 관련이 없다거나, 그에게서 청조 문화에 대한 관심의 자취를 찾아볼 수 없다는 주장에는 좀 무리가 있다고 생각하신단 말씀이지요.

구산 : 나는 그렇게 생각한단 말일세. 반계의 배청의식이 강렬하고, 또한 북벌의 필요성을 강조하게 되었다고 하면, 그것이 어찌 청의 군사적 침략과 정치적 간섭에 대한 거부나 두려움 때문에서만이었겠느냐는 말일세. 그것은 중국대륙으로부터 한반도를 향해

도도하게 밀려오게 될 청조 문화에 대한 두려움이요, 거부반응이었다고 보아야 하리라는 것일세. 이러한 청조 문화의 영향을 받거나 받게 될 수도 있다는 데서 오는 충격은 반계로 하여금 자신의 문화의식 속에 자리잡고 있는 명조 문화 내지 한족(漢族) 문화에 대한 향수를 한층 더 절실히 느끼게 했으리라는 점은 충분히 짐작할 수 있을 것 같네. 반계가 청에 쫓긴 명황실의 후예가 완전히 멸망했다는 소식을 전해 듣고 눈물 흘리는 시를 남겼다고 하는데, 그 눈물의 의미가 다만 명조의 종말을 슬퍼하는 데 그친다고만 볼 것인가. 나는 그렇다고만 보려하지 않는단 말일세. 명조의 종말은 곧 조선에 대한 청조의 간섭이 그만큼 커지고, 또한 그에 따른 청조 문화의 영향력 또한 증대된다는 것을 의미하는 것이 아니겠는가. 그리하여, 반계가 명조 멸망 소식을 듣고 흘린 눈물의 의미 속에는 청조문화의 영향을 거부할 수 없게 되었다는, 다시 말해서 한족문화 지향적인 자신의 문화의식을 위협하는 피할 수 없는 부정적인 현실 상황에 대한 슬픔도 함축되어 있다고 해석할 수 있지 않겠나, 나는 그렇게 생각하는 것이라네.

구천 : 결론적으로 말해서 선생님의 말씀은 실학의 발생기에 속하는 반계가 사실상 청조 문화와 아무런 관련이 없다거나, 당시의 도도한 숭명 풍조 속에서 반계에게서는 청조 문화에 대한 관심의 자취를 기대할 수 없다는 천관우 님의 견해에는 동의할 수 없으시다는 것이군요. 그 점에 관해선 제 생각도 별로 차이가 없어서 다행입니다.

구산 : 그런데, 구천. 반계가 서양인과 만나 대화한 기록이 『반계수록』에 있다든지, 또는 반계가 서양 문물과 관련이 있거나 영향을

받았다는 사실들이 반계의 실학 내지 조선 후기 실학연구에 어떤 의미랄까, 가치가 있는 것인지. 이러한 사실을 밝히는 것이 과연 어떤 의미랄까, 가치가 있는 것인지……. 그 점에 관해 간략하고도 명료하게 말해 주면 고맙겠네.

구천 : 자신 있게 말씀드릴 수는 없겠습니다만, 대개 이런 점을 말씀드릴 수 있을 것 같습니다. 실학은 조선시대 사상사 내지 한국 사상사 연구에서 중요한 역사적 사실이라는 것은 널리 알려져 있습니다. 반계는 바로 이같이 중요한 역사적 과제인 실학의 선구적 대가였기에, 그의 학문과 사상은 이후의 실학자들에게 적지 않은 영향을 주게 되는 것입니다. 그리하여 반계의 학문과 사상의 내용, 또한 그 형성 배경에 대한 인식에 오류가 있다면 비판 시정되어야 한다는 것입니다. 이에 대한 올바른 인식은, 특히 조선 후기 실학의 본질 내지 성격을 구명, 규정하는 데 매우 중요한 의미를 갖는다고 생각하기 때문이랍니다.

또한 선생님의 질문과 관련해서 이런 말씀도 드릴 수 있을지 모르겠습니다. 흔히 실학사상은 자생적 요인과 외래적 요인에 의해 생성 발전되었다고 보고 있습니다. 즉, 실학사상은 안으로 성리학 중심의 『경국대전』적 가치체계와 농업중심 생산양식이 해체되는 과정에서, 밖으로는 청의 고증학과 서양 근대문물을 수용하는 과정에서 생성 발전하게 되었다는 것입니다. 그런데 실학사상의 생성 발전 과정을 대외적 변수인 외래문물 수용 과정의 변천이라는 측면에서 살펴보면, 양란 이후 ‘북학론(北學論)’이 조선 초기 이래의 ‘명학론(明學論)’을 극복하고, 뒤이어 ‘서학론(西學論)’이 북학론을 극복하는 과정에서 실학사상이 생성 발전되어 마침내 서학적 내지 근대적 개화사상으로 계승되었다고 보는 것입니다. 이런 관점에서 실학사상의 발전을 이해하고자 할 때, 반계가 서양문물에 대해 관심을 가졌는지, 서양사람을 만났는지의 여부는 적지 않은 의미를 가지는 것으로서 관심의 대상이 된다 할 것입니다.

구산 : 듣고 보니, 그럴 것 같겠다는 생각이 들기도 하는군. 끝으로 한 가지만 더 물어보기로 하겠네. 다름 아니고, 반계가 표류되어 온 서양인을 만났다고 하는데, 과연 언제쯤 어디서 누구를 만났다고 하는 것인지, 궁금해서 묻는 말일세. 확실하게는 모르더라도 대강은 짐작할 수는 있을 것이 아닌가.

구천 : 당시 반계가 만나볼 수 있는 표류 서양인이라면, 1627년(인조 5)에 표류되어 온 네덜란드인 '벨테브레'나, 아니면 1653년(효종 4)에 표류되어 온 '하멜' 일행이었을 것으로 짐작됩니다. 반계는 1653년에 전라도 부안에 은거하였다고 하니까, 근기(近畿)지방에 사는 동안 만났다면 벨테브레였을 것입니다. 그러나 전라도 부안에 은거하면서 학문에 몰두하던 중에 만났다고 하면, 하멜 일행 가운데 어느 한 명을 만났을 것으로 짐작됩니다. 하멜 일행은 1656년(효종 7) 전라도 여천(麗川)으로 옮겨져서 비교적 자유롭게 활동하며 살고 있었다고 하기 때문입니다.

반계가 근기지방에서 벨테브레를 만났건 또는 전라도 지방에서 하멜 일행 중 그 누구를 만났건 말이 통하지 않아서 대화에 불편을 느끼지는 않았을 것입니다. 이들 간의 대화는 그들이 이미 조선 땅에 표류되어 와서 오랫동안 머문 뒤의 일이었을 것이기 때문입니다.

구산 : 이쯤 해서 오늘의 우리 이야기는 끝내기로 함세. 이제 남아 있는 술이나 마시면서 '상추겉절이' 만드는 요리법이나 들려주었으면 좋겠네. 내가 지금까지 집에서 상추겉절이를 먹어 본 기억이 없는 것을 보면, 우리 집 사람도 그 요리법을 모르고 있는 것 같네.

—구천은 선생님께 자상히 상추겉절이 요리법을 일러드린다. 선생님은 요리순서와 사용되는 양념 명칭을 일일이 받아 적으시는 것 같다. 기억력이 쇠퇴해진 때문이리라. 구천은 화학조미료는 넣지 마시라는 당부를 거듭한다. 상추겉절이 특유의 향내와 감칠맛을 잃어버리기 때문이다. 열심히 받아 적으시는 선생님의 모습에서 공부에 열중하는 초등학교 어린애 같은 순진성이 엿보인다. 인생 역정은 결국 시작한 곳으로 귀착하도록 시간표가 짜여져 있기 때문에 그렇게 보이는지도 모르지.

구천은 선생님의 배웅을 받으며 대문을 나선다. 뚜벅 뚜벅 바쁘지 않게 걷고 있다. 143번 버스정류장을 향해 걷고 있을 것이다. 무엇을 저처럼 골똘히 생각하면서 걷고 있을까. 어린 시절 고향마을에서 '산딸기' 따며 놀던 즐거운 일을 추억하는 것일까. 동무들 함께 송사리떼 사냥(?)하던 일을 생각하는 것일까. 원두막에서 '수수동전(赤銅錢)' 주고 사먹은 싱그러운 참외맛을 생각하며 걷고 있는 것일까. 아니면, 칠순을 바라다보는 둘째 형수의 노안에 가득 담긴 따듯한 정이 그리워서일까. 구천이 갓났을 때 어머니가 출타하면 종종 젖을 먹여주었다는 그 형수 말이다.—

(『월간 화폐계』 7-8, 1979년 8월)

큰상인 임상옥

구산 : 여보게, 구천. 가만히 표정을 보니 매우 무료한 것 같군, 그
래. 차창 밖만 멍하니 하염없이 내다보고 있으니, 하는 말일세.
흥미진진해서 귀가 번쩍 뜨일 만한 무슨 좋은 이야깃거리가 없을
까. 버스를 타고 가는 동안 무료함을 달랠 수 있는 이야깃거리
말일세.

가만 생각해보니, 조선 후기에 큰상인 임상옥(任尙沃)이 중국
에 가서 인삼 팔던 이야기를 나누어 봄이 어떨지?

구천 : 제가 무료한 것 같이 보이신다구요? 천만의 말씀입니다. 저
는 결코 무료하지도 않고, 또한 창 밖을 멍청히 내다보고 있는
것은 더구나 아니랍니다. 쭉쭉 뻗은 경부고속도로를 내다보며 신
장된 국력의 꿈틀거림을 느끼고, 넓디 넓은 들판에 무르익은 황
금 물결 속에서 양과 같이 순하디 순한 농군들이 흘린 땀방울을
헤아려 보고, 도로 양편 여기 저기에 보이는 개량가옥의 울긋 불
긋한 지붕을 바라다보며, 내가 태어나 잔 뼈가 굵은 초가집에 대
한 짙은 향수를 느끼고 있답니다. 또 고속도로에 뚝뚝 잘린 상처
자국에서 무성히 자라는 풀포기와 나뭇가지를 바라다보며 구질
서가 퇴색하고 새로운 사회가치가 정착되고 있음을 실감하며, 동
학사 입구에서 도토리묵 안주 삼아 좁쌀막걸리 마실 일을 생각하
고, 석양이 빨간 단풍가지를 스칠 무렵 얼큰해진 취안으로 수도
여승의 순결무구한 모습을 바라다볼 수 있는 기회가 있기를 기대
하면서 지금 달리는 차창 밖을 내다보고 있는 중이랍니다. 그러

니 선생님은 …….

구산 : 하 하 하, 정녕 그렇다면 내가 오해, 아니 착각을 하고 있었
던 모양일세. 구천이 차창 밖을 내다보는 것을 무료해서 그러는
것으로 짐작하고 있었던 것이.

그러나, 구천은 생각해 본 일이 있는지. 지금 구천과의 대화를
잃은 내가 얼마나 따분하리라는 것을 ……. 구천도 내 나이가 되
면 자연히 알게 될 일이지만. 주변 사람과의 대화가 단절되었거
나 소외되었다고 생각될 때, 그 허전함과 고독함은 이루 다 말할
수 없는 것이라네. 그러니 황혼기에 접어든 나의 신세타령을 더
이상 듣기 원치않거들랑 우리 새우깡 안주 삼아 소주나 몇 잔 마
셔 보자구. 앞서 말한 거상, 아니 큰상인 임상옥에 관한 이야기나
나누면서 …….

구천 : 알겠습니다, 선생님. 우선, 소주를 두서너 잔쯤 드시지요. 그
래야 임상옥이 중국에 들어가 인삼 팔던 이야기가 술술 풀려나올
게 아닙니까. 마치 거미줄 풀려나오듯이.

구산 : 한때 무역상 임상옥이 외교사절을 따라 인삼을 가지고 중국
에 도착하였더라네. 임상옥은 인삼 짐을 풀고 객사에 앉아 개미
떼처럼 몰려들 중국 상인들을 기다리고 있었네. 당시 중국 사람
들은 조선인삼을 마치 불사약처럼 생각하고 있던 터였으니까. 그
러나 이번에는 인삼 짐을 푼 지 며칠이 지나도록 웬일인지 중국
상인들은 한 사람도 나타나지 않아서 임상옥은 당황하지 않을 수
없었네. 그는 곧 중국 상인들이 인삼 값을 떨어뜨리기 위해 불매
운동을 벌이고 있다는 사실을 알게 되었지. 외교사절을 따라온
그로서는 사절의 귀국일자가 박두하자 염가로라도 인삼을 방매

하지 않으면 안 될 형편이었지. 그러나 중국 상인들의 간계를 탐지한 그는 오히려 그들에게 역습을 가할 복수책을 강구했을 만큼 거상으로서 담략을 지닌 인물이었지.

임상옥은 어느날 객사 창고에 쌓아둔 인삼 뭉치를 마당에 내다 쌓아놓고 불을 질렀더라네. 숨어서 그의 동정만 살피던 중국 상인들은 이 뜻밖의 사태에 너무나 놀랐겠지. 이 소식을 전해들은 연경의 모든 상인들은 일시에 모여들어 연기와 불길에 싸인 인삼 뭉치를 끄집어내기 바빴다고 하네. 그러나 임상옥은 불길 속에서 꺼내는 인삼 뭉치에 다시 불을 던지려 했지. 이제 중국 상인들은 임상옥을 붙잡고 애원을 하였고, 인삼값은 그 자리에서 10배로 뛰어올랐다는 것일세. 불매운동으로 뱃심을 부리던 중국 상인들이 값의 고하를 따질 겨를도 없이 인삼을 다투어 사간 것은 물론이고.

생소한 타국 땅에서 중국 상인들의 텃세, 즉 인삼불매운동을 극복하고 한꺼번에 수백만 금을 벌어 국제적 거부가 된 그는 은괴와 비단을 싣고 귀국하게 되었네. 당시 임상옥이 노모에게 "은괴는 쌓으면 '마이산'만 하고 비단을 쌓으면 '남문루(南門樓)'만 하겠습니다"고 하였다는 것이지. 그 표현에 과장이 있었다 하더라도 그가 축적한 재부의 정도가 어떤 것이었는지는 짐작할 수 있을 것일세. 더욱이 이 사실이 그의 나이 40세 이전에 있었던 일이라고 함에 있어서랴.

내가 큰상인 임상옥에 관해 알고 있는 지식은 이상이 모두라네. 그의 생애와 그가 활동한 시대의 역사적 배경 같은 것에 관해서 좀더 자세히 알고 싶지만, 그게 쉬운 일은 아닌 것 같더군.

구천 : 저도 임상옥에 관해서 좀 들은 이야기가 있기는 합니다만, 확실한 것이 못 되어서 …… 선생님께 조금이라도 도움이 될까 해서 말씀을 드려보기로 하겠습니다.

그는 1779년(정조 3)에 태어나 1855년(철종 6)에 죽었습니다. 평안도 의주에서 출생하고 본관은 안주, 자는 경약(景若), 호는 가포(稼圃)였습니다. 그의 집안은 본래 평안도 안주에서 살다가 증조부 때 의주로 이사한 상인층이었답니다. 부친 봉응 역시 일찍부터 중국을 왕래한 국제 무역상이었습니다.

임상옥은 17세 때부터 상업에 종사하여 연경을 드나들었습니다. 27세 때 부친을 여의고는 빚에 쪼들려 상주의 몸으로 장삿길에 나서지 않으면 안 될 형편이었답니다. 그는 순조대에 훈련대장과 이조판서를 지낸 세도가 박종경과 가까이 지냈는데, 이 박종경의 힘을 빌어 10년간 중국에 대한 인삼무역 독점권을 얻을 수 있었습니다. 이것이 임상옥에게 그의 천재적인 상업적 소질을 발휘할 수 있는 좋은 기회가 되었던 것 같습니다. 다시 말씀드려 그는 당시 세도정권을 배경으로 하여 중국무역을 독점하다시피 하고, 당시 수출품의 주종을 이루던 인삼무역을 통해 큰상인으로 성장할 수 있었던 것으로 보입니다.

여기서 부언해 둘 것이 있습니다. 임상옥의 집안이 대대로 살았던 안주와 의주는 평양과 함께 중국과 접경에 위치하여 일찍부터 국제무역이 발달했던 곳입니다. 이중환도『택리지』에서 안주 등지는 한양과 개성 다음으로 국제무역을 통해 많은 재부를 축적한 상인이 많았다고 지적하고 있습니다. 그래서 왜란 이후 정부 당국이 금속화폐를 유통 보급시키려 했을 때도, 안주·평양·의

주 등지를 개성과 함께 화폐수용력이 큰 지방으로 판단했었지요. 또한 17세기 50년대의 화폐정책을 주도한 김육은 개성과 함께 안주·평양·의주 등지에 먼저 금속화폐를 시험적으로 사용할 것을 건의, 시도하기도 했었지요. 그리하여 쌀이나 베 등 물품화폐의 유통이 지배하던 조선사회에서, 국내의 다른 지역에 앞서 개성지방 다음으로 17세기 50년대부터 안주·평양·의주 등지에서 명목화폐 즉 동전이 통용될 수 있었던 것이랍니다.

구산 : 그러면, 임상옥은 일생을 무역상으로만 마쳤는지, 그것이 궁금하구먼. 확실한 사실은 아니네만, 그는 한때 관계에 몸을 담은 적이 있었다고 들은 것 같은데. 그 점에 관해서 아는 바 있으면 이야기 해주기 바라네.

구천 : 임상옥은 무역상으로서 많은 재부를 축적하는 데 남다른 수완을 보였을 뿐만 아니라, 한때 관료생활을 한 것도 사실입니다. 그는 1832년(순조 32)에 곽산군수로 특별 임명되었습니다. 1834년 7월 의주부 일대가 큰 수해를 입게 되자 사재를 털어서 이재민 구호에 앞장섰던 것입니다. 그 공로를 인정받아서 1835년(헌종 1)에 구성부사가 되었습니다. 그러다가 비변사의 탄핵으로 부사자리에서 물러나고, 이후 다시는 벼슬에 뜻을 두지 않았다고 합니다. 말년에는 삼봉산 밑에 대궐 같은 집을 짓고 은거하면서 독서와 시 읊는 일로 소일했다고 합니다.

이처럼 임상옥이 관료로서의 입신양명을 추구했다든지 사대부층의 필수적 교양인 독서와 시 읊기에 열중하였다는 사실은 토박이 상인으로서의 그의 생리 내지 체질과 대립·갈등하는 삶의 자세였다 할 것입니다.

구산 : 그렇다면, 임상옥이 주로 활약한 19세기 전반기의 역사적 성
　　격은 과연 어떠한 것이었는지, 그 점이 궁금하군.

구천 : 임상옥은 비록 1779년(정조 3)에 태어났다고는 하지만, 그가
　　주로 활약한 시기는 순조·헌종·철종조를 포괄하고 있지요. 이
　　시기는 대체로 봉건 사회질서로 복귀하거나 그 현상을 유지하려
　　는 쪽으로 제반 국가정책 목표가 귀일된 영·정조 시대에 반동
　　하는 성격을 띤 시대로서, 조선왕조의 봉건질서가 극도로 문란해
　　진 시기에 해당한다고 볼 수 있습니다. 조선왕조의 보수 전통적
　　인 가치관에서 볼 때, 그 당시 심화된 봉건질서의 문란상은 왕조
　　말기적 현상이라 하여 극히 부정적 평가를 받았을지도 모릅니다.
　　그러나 보수 전통적인 봉건 사회질서의 청산과 근대사회 지향이
　　라고 하는 문제의식을 가지고 당시의 봉건적 생산양식과 가치체
　　계의 변질을 분석 고찰할 때, 거기에는 긍정적인 요인도 적지 않
　　게 찾아볼 수 있을 것입니다. 이 시기의 한국역사에 나타난 보수
　　성과 진보성은 승패 없는 줄다리기를 계속하고 있었다고 표현해
　　야 할 것입니다. 즉, 전통 복귀적 보수성을 적극 배격할 수 있으
　　리만큼 근대지향적인 진보성이 우위에 있지도 않았고, 반면 진보
　　성을 완전 제거할 수 있을 만큼 보수성이 우세한 입장도 아니었
　　던 것으로 보입니다. 당시의 역사상에 나타난 보수성과 진보성이
　　일진일퇴하는 역학관계는, 당시에 활약한 인간상이랄까, 인간이
　　사회와 역사에 끼치는 역할을 규정짓는 주요 원인이 되었다고 보
　　아야 할 것입니다.
　　　이 같은 관점에서 임상옥이라고 하는 한 인간상을 살펴보자면
　　대개 다음과 같이 말씀드릴 수 있을 것 같습니다. 임상옥이 중국

과의 무역을 통해 많은 재부를 축적하여 큰 상인이 된 것은 반봉
건적 내지 반보수적 기능, 다시 말해 진보적 기능을 수행한 것으
로 보아야 할 것입니다. 그러나 임상옥이 거부가 된 후 그 재부
를 바탕으로 하여 관료로서의 입신양명을 추구하고 독서와 시 읊
기에 힘쓰는 등, 사대부층의 교양을 갖추는 데 열중했다는 사실
에서 전통복귀적 내지 반진보적인 그의 인간상을 찾아볼 수 있을
것입니다. 이처럼 근대지향적 진보성과 봉건적 보수성을 향해 일
진일퇴하는 과정에서 임상옥은 이미 역사발전에 능동적으로 대
처할 수 있는 한 인간상으로서의 위치를 상실하고 말게 되었다
할 것입니다. 근대를 향해 발길을 옮겨 놓는 임상옥의 두 발에
신겨진 진보라는 구두에는 그가 감당하기에 힘겨운 '보수'라고
하는 편자(?)가 박혀 있었던 것입니다. 그 보수라는 이름의 편자
에는 전통 가치에 대한 임상옥 자신의 향수 내지 진보에 반동하
는, 그 시대 역사의 한계성이라는 문양이 새겨져 있었다고 보아
야 할 것입니다. 그래서 …….

구산 : 여보게, 구천. 이야기가 점점 우둔한 내가 이해하기 벅찬 방
향으로 진전되는 것 같은데 …….

　아니, 벌써 동학사 입구에 도착한 같은데. 남은 이야기는 다음
기회로 미루고 어서 내려야 하겠네. 저 오두막이 바로 구천이 말
했던 도토리묵과 좁쌀막걸리를 파는 주점인가 보군 그래. 도토리
묵 한 모에 400원, 막걸리 한 되에 250원이라. 절 구경은 몇 잔
든든히 마시고 얼큰히 취한 후에 …….

구천 : 잘, 알겠습니다. 이제부터의 여정이랄까, 계획은 전적으로 선
생님이 맡아 주관해 주시는 것이 좋을 듯합니다. 다만, 돌아가는

길에 유성에 들러 유황천에 목욕하는 일만 잊지 말아주셨으면 좋
겠습니다.

─구천은 구산 선생님과 술잔을 나누면서 박지원의 『양반전』과
『허생전』의 내용에 관해 이야기를 나누고 있는 것처럼 보인다.
아마도 이 두 소설에 나오는 주인공들의 인간상과 현실인식 내지
역사의식이 임상옥의 그것과 비슷한 점이 많다는 이야기를 나누
고 있는 것도 같고.─

(『월간 화폐계』 6-11호, 1978년 11월)

답사의 교훈

두만강

이웃나라 땅을 딛고 두만강 굽어보니
군마들 물마시는 소리 귓전 맴도는 듯

내나라 강물 위에 남의배 타고 있자니
승전가 나팔소리 강심에 어려 있는 듯

둘로 나뉜 겨레의 아리고 서러운 마음
호탕한 남이장군 가슴에 안겨 풀거나

(고구려유적 답사기 1992. 6. 27)

가을 답사

회옥색 하늘 보며 창조주 깊은 뜻 읽고
　황금빛 들녘 찾아 민초 보람 생각하며
　　어제 캐어 오늘 밝히려 답사길 떠나네

북소리 퍼져 울제 천년 신비 생각하며
　부처님 미소 향해 세속 번뇌 털려 하나
　　한평생 헤매 봐도 피안은 멀리 있다네

성터 홀로 앉아 창검 부딛는 소리 듣고
　이끼서린 기와 들고 천년 꿈 되새기며
　　나라지킨 선조께 묵념 함께 감사하네

명랑해 끓는 소리 가슴깊이 파고 들며
　한산섬에 달 돋을 때 묵은상처 저려오고
　　겨레위해 바친 충성 세월속 붉게 타네

거제섬 아린 상처 여기저기 널려 있고
　겨레가 원수되어 싸운자리 말 없으나
　　반 백년 따져도 허물은 모두에 있다네

(답사기 1996. 9. 14)

중원문화권

따스한 바람 불어 새빨간 동백꽃 피우고
에미괭이 양지쪽 누워 젖잔치 벌리는 날
중원 땅에 잠든 겨레얼 깨우려 길 떠나네

고구려비 읽고 눈씻어 또다시 살펴보고
장수왕 넋 불러 남진 까닭 묻고 따져보니
북풍 맵고 오랑캐 성가셨다 변명도 구구하네

가람 옆에 석탑 쌓아 통일의지 널리 펴고
유·불교 씨날 삼아 나라기강 조여 짜니
한반도 세 나라 녹아 하나되는 용광로 되었네

봄비 맞으며 새재 올라 장군넋을 위로하고
세 관문 지날 때마다 치솟는 회한 억누르며
강물에 잠긴 붉은 충절 가슴에 되새겨 보네

(답사기 1996. 3. 26)

백제 문화유적

한가위 둥근달 한강 잠겨 찬 바람 되고
　강바람 남산 올라 곱디고운 단풍 필 때
　　백제문화 뿌리 찾아 답사길 서두르네

온조님 큰뜻 있어 위례성에 도읍 하고
　후손들 서울 옮겨 웅진 사비 전전하며
　　부국강병 일념으로 밤낮 없이 땀흘렸네

유·불교 씨날 삼아 나라기강 엮어내고
　나·려와 힘겨루며 동북으로 삶터 넓혀
　　칠백년 역사 통해 고유문화 꽃피웠네

나라힘 용트림할 제 요서까지 뻗치고
　　찬란하게 꽃핀 문명 어린 왜인 일깨며
　　　　기량예술 뛰어나 이웃 신라 가르쳤네

무령왕릉 온갖 보물 감격해 돌아보며
　　왕실귀족 부귀영화 한 눈에 대뜸 알고
　　　　땀흘려 고생하는 민초 모습 보이는 듯

금동향로 모습에 천국 신비 배어 있고
　　단아함이 빼어나 백제예술 꽃이 되며
　　　　피어나는 향연에 儒 佛 仙風 일렁이네

마애불 우러보며 호국정신 되새기고
　　낙화암 꽃핀 충절 석양받아 붉게 타며
　　　　계백장군 높은 기상 황산들 휘감도네

부소산 뛰올라 잦은 천도 까닭 묻자니
　　강적 막을 길 없어 거듭 옮겼다 하지만
　　　　세월에 잠긴 비밀 누가 있어 밝혀주나

고개숙인 평제탑 나라 망한 이유 대길
　　주인과 손님 굳게 뭉쳐 하나될 길 없고
　　　　외래문화 감싸기 힘겨워 그리 되었다나

백제터전 둘러보며 문화 위상 따지니
　　통일 이후 문화의 중심에서 소외되고

중심권 들기 위해 허구한 날 힘썼다나

부딛는 역사속에 문화중심 되자 하면
　주변의식 벗고 중심문화 자질 기르며
　이웃과 손잡을 아량 넓혀야 한다던데

백제문화 뿌리찾아 산과 들 두루 보고
　초가을 바람안고 서울로 돌아와 보니
　곱게핀 남산단풍 어둠속 잠들어 있네

(답사기 1997. 9. 23)

보림사

해질녁 봄바람 타고 보림사 찾아드니
가지선문 목탁소리 숲속에 잠겨 있고
쇠부처 천년미소 자비심 일깨우는데
무심한 나그네들 곡차 마셔 요기하네

송광사

이른 새벽 찬비속 대웅전 바라보니
그 규모 굉장하고 단청도 눈부시네

자비의 참뜻 청빈속 싹터 자라나고
탐욕은 진리 찾는 혜안 가린다던데

속세의 풋내기 염려 한낱 기우되고
승보의 참모습 길이 보존하길 비네

(답사기 1991. 3. 25)

선암사

조계산 선암사를 옛듣고 이제 보니
절 형편 구차해도 불심은 드높으며
대각국사 높은 뜻 보배되어 빛나네

쌍다리 무지개 타고 운산 바라보니
선승의 독경소리 바람에 실려 오고
골짜기 맑은 물 천년 흘러 다함없네

(답사기 1991. 3. 25)

마이산

하늘 뜻 전하고자 말 귀로 산을 빚으니
큰스님 눈치 밝아 돌탑 쌓고 복 비는데
가슴 좁은 나그네만 뜻 모른 채 오고가네

(답사기 1995. 6. 18)

고운사

장마비 오락 가락 孤雲寺 찾아들어 옛일 더듬으니
架雲樓 예 있으나 羽化樓 역사에 묻혀 흔적이 없고
역사 위에 우뚝한 '孤雲' 절이름 되어 남아 있구나

세속에 반길 사람 없어 쉴곳 찾아 청산에 들어왔나
이승 허무하여 극락왕생 기도하려 산사에 머물렀나
구름 위에 다락 짓고 신선 되어 승천하려 여기 왔나

세상 명리 부질없다 말하더니 절 이름은 어찌 갈고
유 불 仙敎 꿰뚫었다 내세워도 박학다식 허물되며
넘치는 욕망에 알아주는 이 없어 구름인양 슬어졌나

(답사기 1995. 7. 7)

정다산 족적

다산초당 '丁石바위' 바라보며 새긴 뜻 캐물으니
그 바위 대답하길 오직 일념 '국리민복' 이었다나
혹여 극락천당 가기 염원하는 깊은 속내 없었는지

그 옛날 다산이 봄나비 따라 찾았을 백련사 들러
오가는 이 만나 자고 머물던 자리 거듭 물어봐도
부처님 미소에 담긴 옛사연 아는 사람 전혀 없네

(답사기 1996. 3. 22)

장보고 유적

바다 걸어 빨강 동백꽃 요염한 將島 들어서니
개펄의 목책등걸에 충군애민의 참뜻 배어 있고
동서로 倭·胡 가는 뱃길에 개척정신 넘실대네

빈천으로 영달하여 동방의 將商 되면 그뿐이지
헛된 군왕 꿈에 부귀영화 이슬 되어 사라지니
넘침이 모자람만 못하단 옛말 잊었더란 말인가

(답사기 1996. 3. 22)

승화후 묘소

줄다리 타고 바다 건너 파리한 묘소 마주서니
작은나라 겨레 설움 비구름 되어 햇빛 가리고
말 무덤에 넘치는 충절 돌아서는 史眼 적시네

(답사기 1996. 3. 23)

용장성 터

행궁터 기와장 들고 근간의 형편 묻자니
검붉은 삼별초 충성심 성안 가득 채우고
뜨거운 겨레사랑 온누리 감싸안고 있다네

(답사기 1996. 3. 23)

운주사(1)

실개천 따라 운주사 들어서니
천탑 만불 산과 들에 널려 있네

서고 누운 만불 자비 일념이고
위로 솟은 천탑에 평등 깨닫네

부처님 어진 미소에 자유 읽고
석탑 담긴 民意 내 이뤄 흐르네

(답사기 1991. 3. 25)

운주사(2)

봄바람에 꽃구경하자 다시 오지 않았고
극락왕생 기도하려 찾은 것 더욱 아니며
서고 누운 탑불의 자유 그리워 또 왔다오

(답사기 1996. 3. 21)

사명대사

두륜산 새벽안개 헤치며 대흥사 찾아드니
대사님 나라사랑 역사의 횃불로 붉게 타고
일지암 녹차 향기에 초의선사 그리워지네

(답사기 1996. 3. 22)

吳達運의 실학

海南 낳고 錦城에 글배워
海錦이라 호 지었다기에

해남 고을 잠자리 꿈속에
그대의 湖南策 따져 묻고

쇠수레 타고 금성 지날 제
실학 꽃피운 일 되새겼네

(답사기 1996. 3. 23)

봄철 답사

산수유 꽃망울 하늘 향해 방긋 웃고
　떠도는 길손 봄냄 그려 고향 찾는데
　　이끼 서린 문화 뿌리 캐러 길 떠나네

화랑도 나라사랑 강물되어 흐르고
　남산 품은 보밴 세월 속에 빛나는데
　　드높은 통일의지 왕릉 속 담겨있네

땀흘려 토함 올라 감로수 들이키고
여린 중생 합장하여 극락을 비나니
자비한 부처님 천년 미소로 반기네

별 보며 점 친다고 첨성대라 하다가
하늘에 복비는 제단이란 말 들리나
세월에 가린 진실 밝힐 이 전혀 없네

봄 바람 가슴 안고 반월성 찾아드니
천년 노송 푸르기 옛과 다름 없는데
우렁찬 승리 함성 꿈속에 잠들었네

운문사 보살님 가사 빨며 번뇌 씻고
난향 짙은 선방에 녹차로 공양하니
탐욕에 찌든 속세 아님 쉬 알겠네

서원 들러 회재영정에 문안 하자니
세상 어지러워 마주보기 힘겨우나
선비마음 되챙기면 앞날은 밝다나

산수유 꽃과 삼존불 미소 뒤로 하고
북녘 향한 쇠수레 타고 단잠 자는데
교가 합창 소리에 눈뜨니 남산 왔네

(*답사기 1997. 3. 20*)

장릉

대군묘에 잠든 가여운 군왕 생각하며
권세에 눈먼 숙부 무딘 인륜 원망하고
옥좌 앉아 위풍떠는 꼴 외면할 일이나
역사 흐름 멈출 장사 그 누가 있다더냐

(답사기 1999. 3. 25)

서강물

짙푸른 강물 굽이쳐 소용돌이 되고
강심에 잠긴 하많은 사연 말 없으나
청령포 향한 노안엔 이슬비 맺히네

(답사기 1999. 3. 25)

청령포(1)

줄 배 타고 서강 건너 청령포 들어서니
관음송 앉아 울던 두견 모습 간데 없고

망향탑 감도는 애소만이 나의 폐부 찢네

피 맺혀 붉게 멍든 진달래 핀 어느 봄날
禁標 읽으며 인간 아닌 짐승 생각하고
새벽녘 조각달 보며 인생 무상 느끼네

나룻배 타고 바라본 하늘 푸르기 옛 같고
강심 노니는 고기 떼 어제런 듯 유유한데
가슴마다 인정 말라 피맺힌 한 잊고 사네

(답사기 1999. 3. 25)

청령포(2)

청령포 바라보며 옛일 되새겨 보니
옥좌 찬탈이 불의해 책망할 일이나
역사의 필연이란 생각이 들기도 하네

(답사기 1999. 3. 25)

성호 이익의 묘소 답사
역사 심판의 현장

구산 : 여보게 구천, 우리 '북경'에 가서 저녁식사를 겸해서 고량주
　　　나 몇 잔 마셔보지 않을 텐가. 중공의 수도 북경엘 가자는 것이
　　　아니니 놀라지는 말게나.
구천 : 알겠습니다, 선생님. 찐만두 맛이 유별나다는 중국음식점 북
　　　경에 가자시는 말씀이시군요. 제게 볼 일이 좀 있기는 하지만, 선
　　　생님 말씀이니 어찌 거역할 수 있겠습니까. 그렇지 않아도 술을
　　　마신 지 오래되어서 목이 조금 컬컬하다 생각던 차에 마침 잘 되
　　　었습니다.

─구산 선생님과 구천은 서대문 로터리에서 택시를 잡아 탄다. '무
　악재'를 넘고 홍제동 고가도로를 지나서 녹번동 삼거리에 이른
　다. 택시는 수색 가는 길로 접어들어 '도원극장'을 조금 지나 자
　그마한 중국음식점 앞에 멈춘다. 바로 북경에 도착한 것이다. 주
　방까지 합쳐도 10평 남짓한 북경은 이미 손님들로 꽉 차 있다.
　구산 선생님과 구천은 10여 분 기다리다 한구석 자리에 비비고
　앉는다. 선생님은 자리잡고 앉자마자, 고량주와 술안주 그리고
　찐만두를 청하신다. 안주는 무조건 최고급으로 가져오라고 호기
　가 이만저만 아니다. 호주머니 사정이 든든하신 모양이다. 술잔
　이 오가기를 몇 차례, 선생님 얼굴에는 주기가 돌고 주고 받는
　대화는 걸쭉해지기만 한다. 선생님은 구천에게 지난 토요일(11월

10일) 오후에 어디를 갔다왔느냐고 물으시는 것 같다.―

구천 : 토요일 오후에 저는 이광린 선생님을 모시고 장지남·박상
환 형과 함께 '반월공업단지'를 다녀왔습니다. 그리고 돌아오는
길에 안양경찰서 옆에 있는 '강서면옥'에 들러 소주 몇 잔 마셨습
니다. 빈대떡 맛도 좋았으려니와 곱창전골의 고소하고 혀에 착착
달라 붙는 감칠 맛이 참으로 일품이었습니다. 구산 선생님을 모
시고 갈 수 없었던 것이 그렇게 후회될 수가 없었고, 그래서 이
다음 한가한 기회에 선생님을 강서면옥으로 꼭 모셔야겠다고 마
음 먹었답니다.

구산 : 나를 지극히 생각하는 구천의 마음이야 변함이 없었겠지. 더
구나 좋은 안주 먹으며 술마시는 자리에 있어서야 다시 말해 무
엇하겠는가. 참으로 고맙게 생각하고 있네, 나를 향한 구천의 시
들지 않는 우정(?)을. 그런데 갑자기 반월공업단지는 무슨 일로
다녀왔단 말인가.

구천 : 반월단지 그 자체에 대해 관심이 있어서 갔던 것은 아닙니
다. 그 단지 안에 성호 이익의 묘소가 있다고 해서 그 곳을 답사
하러 갔다온 것입니다. 거기에 친구들과 함께 이광린 선생님을
모시고 '수원갈비집'에 가서 소주도 마실겸 해서 갔던 것이지요.
그런데 예정과는 달리 수원갈비집 대신 강서면옥에 들러 빈대떡
과 곱창전골을 안주삼아 소주를 마시게 되었던 것이랍니다.

구산 : 그러면 성호의 묘소는 계획대로 답사할 수 있었고, 묘소는
과연 어떤 상태로 보존 관리되고 있었는지, 그것이 몹시 궁금하
군 그래.

구천 : 성호의 묘소는 예정대로 답사할 수 있었습니다. 생각보다는 잘 보수 관리되고 있더군요. 1970년도에 정부당국에 의해 보수되었다는데, 당시 비석을 비롯한 각종 석물을 설치했던 것으로 보입니다. 반월단지 건설사무소 기획실 홍보계장 최선기 씨의 말을 들어보면, 성호의 묘소 일대는 주거단지 조성구역에 포함되어 있었습니다. 그래서 성호의 묘도 이장되어야 할 운명에 놓여 있었다는 것이지요. 이때 역사학계를 비롯한 각계 지식사회에서 정부당국에 실학자 성호의 묘소는 중요한 문화유적지로서 그 장소에 그대로 잘 보존되어야 한다는 진정서를 제출하였답니다. 이광린 선생님의 말씀에 따르면, 당시 '역사학회'에서도 그와 같은 진정서를 정부당국에 제출한 일이 있었다는 것입니다. 당국에서는 각계의 진정과 건의를 받아들여 당초의 계획을 바꿔 그 일대를 녹지대로 조성, 성호의 묘소를 그대로 보존 관리하기로 했다고 합니다.

참고로 성호의 묘는 경기도 시흥군 수암면(秀岩面) 성포리(聲浦里) 우측 산기슭에 위치하고 있다는 사실을 말씀드려 둡니다. 그리고 성호 묘소의 우측으로 성포리를 건너서 산 중허리의 단풍은 석양을 담뿍 받아서 더욱 아름다웠고, 곱디 고운 단풍 속에 잠긴 '화림선원'으로부터는 노선사의 독경 소리가 바람결에 실려와 귓전에 와닿는 듯 하더라는 말씀도 덧붙여 두고자 합니다.

구산 : 아니, 성호의 묘소 인근에 선원이 있더란 말인가. 화림선원이라고 했겠다. 그래, 구천은 그 선원에까지 갔다왔는지.

구천 : 시간에 쫓겨 멀리서 바라만 보았을 뿐, 들르지는 못했습니다. 이 다음에 개나리·진달래·복숭아·살구꽃 그리고 들목련

이 곱고 아름답게 피는 어느 봄날에 선생님을 모시고 성호 묘소를 답사하는 길에 화림선원도 찾아야겠다고 마음 먹었답니다.

구산 : 구천의 그 계획이 뜻대로 이루어지기를 바라는 마음 간절하네. 이제, 말머리를 반월단지 쪽으로 돌려보기로 하세. 이왕 내친 김에 구천은 단지 건설현장도 답사했을 게 아닌가. 우선, 수도 서울의 위성도시 또는 임해공업도시로서의 성격이 강조되는 반월단지의 규모가 어느 정도이며, 그 조성계획의 내용은 어떠한 것인지, 궁금하군.

구천 : 자세히는 알 수 없었습니다. 홍보계장 최선기 씨의 말에 따르면, 단지는 1700여만 평에 달하는 광활한 지역을 포괄하게 될 터이고 인구 30만을 수용할 반월단지의 건설은 1987년에 가서야 모두 끝난다고 합니다. 한 마디로 말해서, 이 단지의 건설은 산을 허물고 바다를 메우는 광대한 역사라고 표현할 수 있을 것 같습니다. 식수와 산업용수는 저 멀리 한강 상류 팔당으로부터 끌어오고, 끌어들인 한강물로 커다란 인공호수를 만드는 한편, 그 물을 이용해서 수력발전소도 건설할 계획이랍니다.

1개 대학과 10여 개 전문대학이 들어설 예정이며, 태양열로 난방하는 초등학교 건물이 건축되고 있는 중이었습니다. 어쨌든 반월단지는 공업은 물론 상업·주택·관공서·녹지·농업·교육·공공 위생시설구역 등, 현대 도시가 갖추어야 할 제반 시설을 고루 갖추게 된다고 합니다.

끝으로 선생님이 궁금해하실지도 모르는, 그 단지 내의 땅값을 말씀드려 보기로 하겠습니다. 수의계약으로 거래되는 땅값이 평당 10여만 원씩이고, 경쟁입찰되는 땅값은 평당 30여만 원에 이

른답니다. 그 곳에도 예외없이 부동산 투기자들이 들끓어서, 앞으로의 땅값 상승세는 예측할 수 없다는 것이 홍보계장의 고충 섞인 설명이었습니다. 석양이 깔린 황금빛 개펄을 아쉬운 듯 되돌아보고, 산을 뭉게는 불도저와 흙을 날라 벽해를 메우는 대형 트럭의 엔진 소리를 귓전에 흘리면서, 안양경찰서 옆 강서면옥을 향해 차를 몰았습니다.

구산 : 그러니까, 안양 강서면옥에 들러서 …….

구천 : 그렇습니다. 스승과 제자가 한자리에 앉아서 화기애애하게 웃고 떠들면서 소주잔을 기울였지요. 되풀이해서 드리는 말씀입니다마는 선생님 생각을 하고 또 하면서 …….

구산 : 알겠네, 잘 알겠다구. 그건 그만큼으로 이야기를 끝내기로 하고, 말머리를 돌려보기로 하세. 이야기가 엉뚱한 방향으로 전개된다고 생각할지 모르겠네만, 구천은 성호의 묘소를 둘러보면서 어떤 감회라고 할까, 느낌 같은 것이 없었는지. 그렇지 않았을 것 같아서 하는 말이네만.

구천 : 글쎄요, 원래 식견과 정서가 메말라서 이렇다하게 유별난 감회나 느낌 같은 것은 없었습니다. 그러나 성호의 묘소를 답사하면서 이 같은 생각을 해보았던 것으로 기억납니다. 보잘것없는 생각이었을지는 모르겠습니다만. 그러니까, 성호가 죽은 지 200여 년의 세월이 흐른 뒤, 한때는 정부당국의 협조로 그의 묘소가 정화·보수되었고, 또한 당국이 중요한 단지 조성계획까지 변경하면서 성호의 묘소를 그 위치에 그대로 보존시키게 한 동기랄까, 이유가 무엇인가를 생각해 보았습니다. 아시다시피, 성호는 권세와 부귀를 누리면서 눈부신 업적을 남기고 간 정치가는 아니

었습니다. 그의 후손들 중에는 현 이모 국회의원처럼 자기 조상의 산소를 포괄하는 상업단지를 녹지대로 전환시킬 만한 영향력을 행사할 세도가도 없는 줄 압니다. 그럼에도 불구하고 성호의 묘소는 그의 인격, 학문, 사상과 역사적 위상을 올바르게 인식하고 있는 각계 지식계층에 의해 중요한 문화유적지로 평가되었습니다. 그래서 정부당국은 그의 묘소를 정화·보수하여 그 자리에 그대로 보존·관리되도록 조치를 취하게 되었던 것입니다.

　그에 비해 성호의 묘소 주변에 있던 4~5기의 다른 묘는 모두 이장되는 신세를 면치 못했습니다. 당시 다른 묘들은 모두 이장을 위해 파헤쳐 있었습니다. 앞 부분만 반으로 짤려 파헤쳐진 봉분, 또한 파묘 옆에 버려진 상석을 비롯한 각종 석물들을 보는 순간, 인생의 무상함과 역사의 비정 같은 것을 새삼 느끼지 않을 수 없었습니다. 그리고 그들 묘의 규모나 파묘에 남아 있는 각종 석물들이 보수되기 이전 성호묘의 그것에 비해 훨씬 훌륭한 것이었으리라는 점에 생각이 미치자, 한 시대를 살아가는 우리들 모두는 역사가 각자에게 요구되는 사명이 무엇인가를 올바르게 인식하고, 그 역사적 사명을 수행하는 데 최선을 다해야 하겠다는 점을 생각하게 되었답니다. 각자에게 부과된 역사적 사명을 잘못 인식하고 살게 될 경우, 그의 삶이 어느 한때 훌륭한 업적으로 평가되었다 해도 그것은 영원히 겨레의 가슴 속에 공감될 수 없을 것이며, 그가 누렸던 권세와 부귀의 흔적도 하루 아침에 물거품이 된다고 생각하였기 때문입니다. 그래서……．

구산 : 이것이 바로 역사적 심판이 이루어지고 있는 현장이구나, 그리 생각하게 되었다는 것이겠지.

　그런데 가만히 이야기를 듣고 있자니 구천이 고량주 몇 잔에
취해 있지 않나 하는 …… 우선, 구천이 하는 이야기 내용이 내
질문과는 빗나가고 있다는 느낌이 들고, 또한 이야기를 논리적으
로 설득력 있게 풀어나가지 못하고 있다는 생각이 들어서 하는
말일세. 그러니, 나같이 늙기도 하고 또한 술이 좀 취한 사람도
쉽게 알아들을 수 있도록 이야기를 논리적이랄까, 체계적으로 차
근차근 …… 내 말이 무엇을 뜻하는지 알아듣겠지, 구천. 그리고
이왕 성호에 관한 이야기판을 벌리게 되었으니, 지난 어느날 내
가 부탁했던 문제, 그러니까 성호의 상업론이 어떠한 것인지를
강의, 아니 설명해 주었으면 고맙겠고. 여보게 구천, 지금 내가
하는 말이 취해서 하는 말이 아니라는 것을 명심해 주었으면 좋
겠네. 알겠나, 구천.

　—구산 선생님은 구천의 이야기를 들으시면서도 자작으로 고량주
　잔을 거듭 비우신다. 평소 주량을 넘게 드신 것 같다는 생각이
　든다. 그러면서도 술을 더 마시면서 이야기를 계속하자신다. 구
　천은 남은 이야기는 이 다음 염창동 '내장탕집'에 가서 계속하는
　것이 좋겠다고 설득한다. 고집을 부리시던 선생님도 마침내 구천
　의 제의에 동의하고 북경집을 나오신다. 구천은 택시로 선생님을
　댁으로 모시고 간다. 대문을 열어주시는 사모님께 지난날 주셨던
　'찹쌀동동주'를 감사하게 잘 마셨다고 정중히 인사를 드린다. 그
　리고 북경집의 명물 찐만두 상자를 사모님께 드리면서, 변변치
　못한 것이나 맛있게 잡수시란다. 고맙게 잘 먹겠다는 사모님의
　말씀을 들으면서, 구천은 143번 버스정류장을 향해 걸어간다. 뚜

벅뚜벅 발걸음을 옮기면서 무엇을 저렇게 골똘히 생각하고 있을
까. 조금 치나치게 술을 드신 선생님의 건강이 걱정스러워서일
까. 아니면, 나라와 겨레가 당면한 오늘의 사회현실에 대한 역사
적 고민에서일까. 어설픈 풋내기 사학도인 주제에.—

(『월간 화폐계』 7-12호, 1979년 12월)

일본 역사기행

구천 : 별 다른 일 있어서 찾아온 것은 아닙니다. 한동안 찾아뵙지 못해 궁금하던 차에, 마침 선생님댁 부근을 지나다가 …….

구산 : 이유야 어쨌거나, 찾아와 만나게 되니 반갑네. 우리 너무 오랫동안 만나지 못한 것 같네. 그런데 한 일주일 전이던가, 집에 전화를 넣어보니 일본엘 갔다고 …….

구천 : 그랬습니다, 선생님. '한일문화교류기금'의 주선으로 9박10일 여정으로 일본 이곳 저곳의 역사유적들을 답사하고 돌아왔습니다. 규슈·오사카·교토·나라·도쿄 등지를 돌면서 사원 중심의 불교유적과, 궁성·고분·도자기 유적, 박물관, 미술관 등은 물론이고 '오사카 무역박람회'까지 주마간산격으로 답사하고 돌아왔습니다.

구산 : 일본의 과거와 현재를 답사, 견문하고 미래를 전망할 수 있는 썩 좋은 기회였군 그래. 아무리 주마간산격이라 해도 말일세.

구천 : 그런 점도 없지는 않았습니다. 고대로부터 현대에 이르는 일본의 역사유적 내지 현실을 답사하면서 제 나름으로 일본에 관한 많은 문제들을 느끼고 생각을 정리해 볼 수 있었으니까요. 그런 뜻에서 일본 역사기행을 주선해준 '한일문화교류기금' 측과 기회를 마련해 주신 이광린 선생께 감사하고 있습니다.

구산 : 우선 궁금하게 생각되는 것은, 과연 구천이 어떤 마음 자세로 일본 역사기행에 임했는가 하는 점일세. 그러니까 일본·일본인 내지 일본문화에 대한 구천의 평소 생각이 어떠한 것이었느

냐, 그 말이지. 그 점에 대한 내 나름으로 짐작하는 점이 없는 것
은 아니네만.

구천 : 한 마디로 말씀드려서, 일본에 대한 저의 인식자세랄까, 생
각은 대체로 부정적인 경향이 강했다고 할 수 있을 것입니다. 그
러니까 일본인은 교활하고 침략적이며, 일본문화는 창조성이 없
는 모방문화인 동시에 오늘날의 경제적 성장 역시 경제동물이란
악명 높은 일본인이 이룩한 것이라고 생각하는 입장이었다는 것
입니다.

구산 : 그 같은 일본에 대한 인식태도는 대다수 한국인이 그렇게
생각하듯이, 지정학적으로 인접해 있는 일본과의 역사적 내지 현
실적 관계에서 말미암은 것이라 할 수 있겠지. 일본에 대한 구천
의 부정적인 인식자세가 그렇다는 말일세.

구천 : 그렇습니다, 선생님. 역사적으로 멀리 소급해 올라갈 것도
없이, 고려 말부터 조선 초기에 이르는 시기에 빈번했던 왜구의
노략질, 임진왜란과 같은 국란, '강화도조약' 이후 구한말의 국권
침탈행위 및 일제 36년간의 가혹한 식민통치 등 우리 겨레가 겪
은 역사적 경험은 일본을 부정적으로 평가하게 하는 중요한 원인
이 되었다 할 것입니다. 특히 제 입장에서 보면, 1940년대 초기
에 경험한 일본 식민통치의 잔혹성이 일본을 부정적으로 바라보
게 한 중요한 이유가 되었던 것으로 생각합니다.

구산 : 그때라면 구천은 소년 시절에 해당하는 나이였을 텐데. 소년
기에 구천이 경험한 일제 식민통치의 잔혹성, 아니 그 질곡이 과
연 어떠한 것이었는지, 한번 체험담을 들려줄 수는 없을는지.

구천 : 돌이켜볼 때, 감수성이 예민한 소년기에 겪은 일제식민통치

의 잔혹성은 상상하기조차 싫은 우리 겨레가 일찍이 경험해 보지
못한 질곡이었다 할 것입니다. 형제와 이웃사촌들이 징병·징
용·보급대 또는 정신대로 강제 동원되어 사지(死地)로 끌려갔
습니다. 피땀 흘려 지은 쌀·보리·밀·콩 등의 주곡은 모두 공
출이란 명목으로 빼앗기고, 옥수수·고량미·감자·고구마·호
박·사료용 콩깻묵은 물론 풀뿌리와 나무껍질로 연명해야 했습
니다. 대체로 입학 적령기를 훨씬 넘기고 열 살 이상의 나이에
초등학교에 입학하고, 학교에서는 우리말과 글, 우리역사를 배울
수 없었습니다.

구산 : 그리고 식민통치자들은 일본의 말·글·역사를 국어·국
　　　문·국사로 가르쳤었지.

구천 : 어디 그뿐이었겠습니까. 초등학교에 입학하면 공부하는 시
　　　간보다는 군수품 원료의 채취를 위해 산과 들을 헤매는 시간이
　　　더 많았답니다.

구산 : 군수품 원료의 채취를 위해 산야를 헤매다니, 무엇을 채취했
　　　다는 것인지 궁금하군.

구천 : 그러시겠지요. 그 시절에 선생님은 서울에 살고 계셨고, 산
　　　간 벽지 농촌에 사는 농부의 아들이 아니고서는 경험할 수 없는
　　　일이었을 테니까요. 이를테면, 군수용 로프의 원료를 채취하기
　　　위해 싸리나무·아카시아나무·칡넝쿨의 껍질을 벗겨야 했지요.
　　　군수용 식물성 기름을 짜기 위해 싸리나무 씨앗과 아카시아 씨앗
　　　을 채취하고, 소나무 광솔을 채취해서 '송탄유(松炭油)'를 만들어
　　　야 했답니다. 농부가 거둬들인 목화를 전부 공출해 가고도 모자
　　　라 군수용 섬유에 충당하기 위해 미류나무 열매를 채취해야 했고

…… 식량을 증산한다는 명분으로 학교운동장을 모두 밭으로 일구어 고구마와 옥수수를 경작했습니다. 또한 퇴비증산을 위해 공부해야 할 학생을 동원, 풀베어 나르기를 강요했답니다. 그리고 …….

구산 : 여보게, 구천. 그만큼만 들어도 과연 일제 식민통치의 가혹한 실상이 어떠했는가를 짐작하고도 남음이 있네. 그러니까, 구천은 일본에 대한 부정적 인식을 가진 채 일본으로 역사기행을 떠났다, 그 말이 아닌가.

구천 : 그렇습니다. 이 같은 역사적 경험 내지 실제적 체험을 통해 이루어진 저의 일본에 대한 시각이랄까, 인식은 해방 이후 정치·경제·문화 등 여러 분야에 걸친 양국관계의 미묘한 전개과정에서 본질적인 변화가 일어날 수 없었습니다.

어쨌든 이번 역사기행을 통해 가장 인상깊다 할까, 새삼스럽게 느끼게 된 점은 우리의 문화민족으로서의 자부심, 아니 긍지입니다. 일찍이 우리 문화가 일본 고대문화의 형성기반이 되었고, 고려 말부터 일본은 왜구를 통해 우리나라로부터 물질적·문화적 욕구를 충족시킬 수 있었으며 임진왜란 때는 성리학과 도자기 제조기술 등을 배워가는 등 여러 가지 역사적 사실을 통해 우리 문화의 자부심과 긍지를 갖고 있었습니다. 이런 것이야 일본의 역사유적을 답사하지 않더라도 상식처럼 우리 모두가 글로 읽고 들어서 알고 있던 사실이지요. 이것을 이번 역사기행을 통해 보다 절실하게, 아니 새삼스레 확인할 수 있었습니다. 우리 민족 거의 모두가 공감하고 있는 전통문화에 대한 이러한 자부심과 긍지는 오늘날 우리 민족이 국내외적으로 당면한 어려운 현실을 극복 해

결해 나가는 데 필요한 신념 내지 잠재적 가능성으로 평가해야 하겠지요.

구산 : 그렇지만, 어떤 사람들은 지난날 우월했던 민족문화에 대한 자부심과 긍지가, 그렇지 못한 오늘날 당면하고 있는 민족적 고난을 극복하는 데 무슨 도움이 되겠느냐고 생각하고 있다네. 그리하여 문화민족으로서의 자부심과 긍지에 역사적 의미를 부여하는 데 회의적인 입장을 취하는 사람들도 적지 않은 것으로 알고 있고 …….

구천 : 그 같은 주장이랄까, 견해는 올바른 것이라 할 수는 없다고 봅니다. 비근한 예로, 문화민족으로서의 자부심과 긍지의 현실적 의미를 다음과 같은 사실에 비유하여 설명할 수 있다고 생각합니다.

어떤 고등학교 3학년 학생이 대학입시의 체력장에 대비하기 위해 '턱걸이' 연습을 열심히 하였습니다. 그 결과 턱걸이를 다섯 번 할 수 있게 되었습니다. 그런데 이 학생이 건강관리를 소홀히 하여 병이 났습니다. 건강이 회복된 후 다시 턱걸이를 시작해 보았지만 단 한 번도 할 수 없었습니다. 턱걸이 연습을 하나부터 다시 시작해야 했습니다. 그렇기는 해도 그는 턱걸이를 한 번도 안 해 본 다른 학생보다는 그 성취속도가 훨씬 빠를 것입니다. 병을 앓기 전에 이미 턱걸이 다섯 번을 해 본 지난날의 경험에 대한 확신이 있었기 때문입니다. 그러니까 지난날의 턱걸이 실력에 대한 확신은 그렇지 못했던 학생보다 쉽고 빠르게 턱걸이 다섯 번, 아니 그 이상의 성과를 올리는 데 신념이랄까, 잠재력이 될 수 있다는 것이지요.

구산 : 구천이 예를 든 이야기가 설득력이 있는 것처럼 들리기도
　　　하네만 …….
구천 : 한편, 일본인들은 전통문화에 대한 자부심이나 긍지를 가지
　　　기에는 그들 민족의 역사적 배경이나 문화전통이 허술하다고 생
　　　각하고 있는 것 같습니다. 그리하여 일본 지식계층은 일찍이 우
　　　리의 선진문화가 그들 민족문화의 생성 발전에 영향을 주었다는
　　　점을 부인하고 싶어하고, 자기 민족문화를 모방문화로 평가하는
　　　데 대해 지나치게 민감한 거부반응을 보이고 있다는 생각을 하게
　　　되었습니다. 오늘날 일본인들이 국제사회에서 경제대국을 자처하
　　　면서도 전통문화에 대한 자부심과 긍지를 가질 수 없기 때문에
　　　문화의식이랄까, 정신적 생활 속에서 일종을 열등감을 갖게 된
　　　것이 아닌지 모르겠습니다. 이번 역사기행중에 만난 학자·정치
　　　인·경제인·언론계 인사들과의 대화나 행동 속에서 이 점을 느
　　　낄 수 있었답니다. 그러나 이번에 일본 문화유적을 답사하면서
　　　외래문화를 수용하여 자기 중심의 특징있는 문화를 이룩하려는
　　　일본 민족의 의욕이 강렬하다는 점 역시 인상깊게 느꼈답니다.
구산 : 그런데 구천은 역사를 전공하는 사람이니 하는 말인데 ……
　　　이번 역사기행을 통해 일본 역사를 지배하는 일관된 법칙 같은
　　　것은 없는지 생각해 보았는지.
구천 : 아주 어려운 질문을 하시는군요. 적절한 답변을 드릴 수 있
　　　을지 모르겠습니다. 성현의 말씀이지만, 도덕으로 나라를 다스리
　　　는 정치를 왕도(王道)정치라 하고 힘으로 나라를 다스리는 정치
　　　를 패도(覇道)정치라 한다지 않습니까. 이렇게 볼 때 힘으로써
　　　나라를 다스리는 패도정치적 성격이 전 일본역사를 관통하는 통

치체제 상의 특징이 아니었는가, 하는 생각을 해보았답니다. 대개 도덕이나 윤리를 기반으로 하는 왕도정치는 그 속성상 나라가 크다거나 백성이 많다거나 하는 식으로 외형상 혹은 물질적인 크기나 문제 삼지는 않습니다. 그러나 힘을 통치의 원리로 삼는 패도정치는 내면적 내지 정신적 가치보다는 더 큰 나라, 더 많은 백성, 더 강한 군사력이나 경제력 등 외형상 내지 물질적인 강대화를 이상으로 삼지요.

지금 제가 공자님 앞에서 문자 쓰는 꼴입니다만 …… 널리 양해하여 주시기만 바랍니다. 평소 선생님으로부터 배운 바를 앵무새처럼 되뇌이고 있는 것뿐이니까요 …….

구산 : 그리 생각할 것 없네. 그런 자네를 나는 대견하다고 생각하고 있으니까. 사실상, 지금 구천은 앵무새처럼 되뇌이고 있지도 않고.

구천 : 그 점과 관련하여, 고대에서 중세를 거쳐 근대에 이르는 일본의 역사유적들을 답사하면서 인상깊었던 것은 각 시대의 사회발전 내지 국력이나 역사적 역량에 비해 정도를 넘어서는, 뭔가 균형이 맞지 않는 커다란 규모의 사원이나 궁성 등의 유적이 남아 있다는 사실이었습니다. 이런 외형주의 내지 물량주의를 이상으로 하는 패권적 통치 아래서 통치체제의 역량은, 평화기에는 정도 이상으로 거대한 사원·신사·궁성으로 표현되고, 일단 유사시에는 다수의 군대와 강대한 무기체제를 포괄하는 군사력, 즉 무력으로 표출되게 마련이었던 것 같습니다.

이처럼 패도정치를 일본역사를 일관하는 통치체제의 특징으로 볼 수 있다고 할 때, 오늘날의 평화시기를 맞아 일본이 이룩해

놓은 경제적 성장 역시 패도정치를 전통으로 하는 역사발전 과정
에서 나타난 한 특징으로도 이해할 수 있지 않을까 생각합니다.
일본역사에 일관해서 나타나는 이러한 법칙성(?)에 근거해 볼
때, 오늘날 일본이 이룩한 경제적 성취가 주변 여러 나라가 우려
하고 있는 바 군국주의화를 수반하게 될 미래의 일본역사에서 군
사력 강화의 밑바탕이 될 가능성도 배제할 수 없다는 생각을 해
보았답니다.

구산 : 그런데 구천은 이번 일본 역사기행을 통해 오늘날 일본인들
의 정신세계랄까, 종교계의 현황이랄까, 아니면 일본인들의 신앙
생활면에서 어떤 특징 같은 것을 엿볼 수 있었지 않았는지 궁금
하네. 그 점에 대한 이해는 오늘날의 일본인 내지 일본사회의 본
질에 접근하는 데 크게 도움이 되리라 생각하기 때문일세.

구천 : 그렇습니다, 선생님. 짧은 기간이었지만 일본의 각 지방을
답사하면서 오늘날 일본사회를 지배하는 가치관이랄까, 의식세계
가 어떠한 것인가에 깊은 관심을 가지고, 그 점을 이해 파악하기
위해 제 나름으로는 애를 써보았습니다만 …….

흔히, 한 시대 또는 한 사회의 성격은 그 시대 인간들의 의식
이랄까, 정신생활을 지배하는 종교가 규정하게 된다고 합니다.

구산 : 그러니까, 종교는 직접적으로는 그 시대나 그 사회의 정신생
활 내지 가치체계를 지배하게 되고, 또한 그 같은 정신생활 내지
가치체계에 기반을 두고 발전하는 그 사회의 성격을 규정하게 된
다는 점에서, 그렇게 말할 수 있다는 것이겠지.

구천 : 그렇습니다. 그러한 관점에서 볼 때, 오늘날의 일본사회를
지배하는 종교는 불교와 신도가 아닌가 하는 생각이 들었습니다.

현재 서구 여러 나라, 아니 한국에도 널리 보급되어 있는 기독교, 즉 천주교나 개신교는 그 교세가 미미한 상태였습니다.

구산 : 그러니까, 오늘날의 일본사회에는 근대 자본주의 생산양식과 밀접한 관계를 가지고 있다는 기독교, 특히 개신교가 발붙이기 어려운 상황이라, 그 말이겠지. 그럼에도 불구하고 오늘날 일본의 경제적 성취는 자본주의 생산양식을 기반으로 해서 이룩되었다는 사실은 부인할 수 없는 것이 아닌가. 그렇다고 한다면……

구천 : 그렇습니다, 선생님. 그리하여 어떻게 보면 일본의 경제는 불교나 신도들이 포용하고 있는 중세적 가치체계 위에 근대 자본주의가 성장 발전했다는 특수한 경제성장 모델로 평가할 수 있다 할 것입니다. 이처럼 가치체계와 생산양식과의 사이에 나타난 괴리랄까, 모순이 앞으로 일본경제가 지속적으로 성장 발전해 나가는 데 어떠한 영향을 주게 될 것인가. 그 점이 앞으로 주목해야 할 중요한 문제라고 생각해 보았답니다.

구산 : 그 같은 안목에서, 오늘날 괄목할 발전 번영을 구가하고 있는 일본경제의 장래를 구천은 어떻게 전망하고 있다는 것인지.

구천 : 저 같은 문외한이 어떻게 그런 전문적 지식이랄까, 분석 고찰을 요하는 문제에 대해 왈가왈부할 수 있겠습니까만 …… 다만 이런 점은 말씀드릴 수 있을 것 같습니다.

앞에서 말씀드린 것처럼, 가치체계와 생산양식과의 모순 속에서 이루어지고 있는 일본의 경제발전은 국왕에 대한 충성심이나 애국심, 또는 애사심(愛社心) 등 윤리지향적인 중세적 가치가 지배적 가치체계로서 기능하고 있을 동안에는 지속될 수 있을 것으로 봅니다. 그러나 앞으로 자본주의 생산양식에 상응하는 객관성과 합리성, 개인주의 등 근대지향적 가치체계가 일본사회의 각 부면에 점진적으로 확대 보급될 것입니다. 그렇게 되면 회사·국가·민족의식 등 집단의식이 강조되는 중세적인 윤리지향적 가치체계를 기반으로 한 일본의 경제발전 추세는 둔화 내지 쇠퇴의 길로 접어들게 되지 않을까 하는 생각을 해보았습니다.

또한, 일본인들의 신앙생활 내지 종교계에서 엿볼 수 있는 특징으로서 인신(人神)이나 조상신 등을 믿는 샤머니즘적 저급신앙이랄까, 저급종교가 성행하고 있다는 사실을 지적할 수 있을 것 같습니다. 또한 일본인들의 불교신앙 내지 불교는 한국의 그것에 비해 현세기복적 성격이 강하고 민중의 일상 생활과 밀접한 관계를 맺어 생활종교화되어 있다는 점이 인상적이었습니다. 그리고 앞에서도 지적한 바 있듯이 한국에서 천주교나 개신교가 급진적으로 확대 보급되고 있는 것과는 달리, 일본에서는 천주교와 개신교가 쉽게 발붙이지 못하고 있다는 점을 확인할 수 있었습니다. 한국과 일본의 종교 수용자세에서 보이는 이러한 차이점을 통해서 양국 사회의 성격 내지 역사와 문화전통에 나타나는 차이점이랄까, 이질성을 헤아려 볼 수 있을 것 같습니다. 특히 샤머니즘적 속성이 강한 일본 불교와 신도의 배타성, 즉 천주교나 개신교 등 고급신앙 내지 고급종교에 대한 강한 배타성을 엿볼 수 있었습니다.

구산 : 구천은 일본 각지를 역사기행하는 동안 일본 정계의 현황이랄까, 정치윤리면에서 일어나고 있는 어떤 변화 같은 것을 감지할 수는 없었는지. 전해 듣기로는 일본 정치계에도 전통적인 정

치윤리랄까, 윤리면에 주목할 만한 변화의 조짐이 일고 있다던데
…….

구천 : 본시 제가 그 방면에 무식하기 때문에 어떤 변화가 일어나
고 있다 해도 그것을 정확히 감지할 수 없었는지도 모르겠습니
다. 다만 이러한 점은 느끼고 조금은 생각해 본 일이 있습니다.

구산 : 아니, 구천이 '이러한 점'이라고 하는 말은 과연 어떠한 사실
을 의미하는 것이란 말인가.

구천 : 사실 일본 정계에 큰 파문을 일으켰던 일, 그 사실에 대해서
는 국내에 있을 때 이미 언론보도를 통해 조금은 알고 있었던 일
입니다만 …… 선생님도 잘 알고 계실 일입니다. 그러니까, 현직
일본 수상이 여성스캔들 문제로 총리직에서 물러나지 않을 수 없
게 되었다는 사실을 말씀드리는 것입니다.

구산 : 그러니까, 구천은 그 사실을 일본 역사기행중에 일본 정계에
일어나는 새로운 변화의 조짐으로 생각해 보았다, 그 말이겠군.

구천 : 그렇습니다. 전통적으로 일본 정계에서는 정치지도자의 자
격을 규정할 때 여성스캔들이 불리한 조건으로서 제기 논란된 경
우가 거의 없었습니다. 그런 면에서 이번에 수상이 물러난 사실
을 보수적인 일본 정계의 정치윤리의 변화 내지 해체문제와 관련
시켜 생각을 정리해 보았다는 것입니다.

구산 : 예컨대 이 같은 일본 정계의 정치윤리의 변화를 통해 엄격
히 고정화된 중세적 신분질서 속에서 관행이 되어온 남녀차별의
식이 해소되는 조짐을 엿볼 수 있다는 것이겠지.

구천 : 그렇습니다, 선생님. 그러니까 현재 일본 정계의 정치윤리면
에 일고 있는 새로운 변화는 여자는 남자에게 거의 무조건 복종

해야 한다고 하는, 일본 사회에 관행시되어 온 남녀차별 의식이
점진적으로 해소되고 있다는 점으로 이해할 수 있을 것입니다.
또한 이 같은 남녀평등화 지향 현상은 주권재민과 평등의식 및
개인주의를 기본원리로 하는 민주주의 정치체제와 그에 상응하
는 자본주의 생산양식이 일본사회에 성숙되어 나가고 있다는 사
실로 이해할 수도 있을 것 같습니다.

　　한편 오늘날 일본 사회에서는 정치·경제·사회·문화 등 각
분야에 효율 내지 능률의 극대화 현상이 보편화되어 있다는 사실
을 절실히 느꼈습니다.

구산 : 능률이나 효율의 극대화를 위해 과학기술 문명의 발달을 적
극 추진해 나가는 과정에서 인간 소외현상이 나타나게 되는 것은
아닌지. 그 점에 관해 생각본 바는 없었는지. 있었다면 …….

구천 : 선생님 말씀처럼 그 점에 관해서도 조금 생각해 본 일이 있
답니다. 생산성의 극대화를 위해 로보트가 전 생산공정을 담당하
게 된다든지, 또한 운수교통의 능률화를 극대화하기 위해 전차
속도의 가속화를 우선시하고 승객의 쾌적한 승차감은 훼손하지
않는가 등의 사실들을 그 대표적 사례로 꼽을 수 있을 것입니다.
사실 시속 2백 킬로미터로 달린다는 ‘신칸센’ 전차를 타고 있으면
너무 속도가 빨라서 차창을 통해 전개되는 주변 풍경을 제대로
완상할 겨를이 없다는 생각을 해보았습니다. 그러니까 목적지에
보다 빨리 도착하겠다는 공리적 가치에만 집착하고, 차창을 통해
전개되는 주변 풍광을 완상 음미하는 등 인간 본연의 자연스런
욕구를 충족시키겠다는 의지는 뒤로 밀려나게 된 듯 싶다, 그런
말씀입니다.

　　그럼에도 불구하고 일본에서는 시속 5백 킬로미터로 달릴 수 있는 전차를 개발하여 시험 운행중에 있다던가요. 이 같은 사실을 통해 오늘을 살고 있는 우리 인간들 모두는 자신들이 발명 개발하여 이룩해 놓은 고도의 물질문명에 소외 내지 속박됨으로써 인간 본연의 존엄성 자체를 등한시하게 되는 것은 아닐까 하는 점을 생각해 보기도 하였답니다.

구산 : 가만히 구천의 이야기를 듣자 하니, 지금이 구천의 역사철학(?)이랄까 역사관을 소개해야 할 대목이 아닐까 하는 생각이 드는군. 내 기억력에 자신은 없네만, 그 같은 역사철학이 담긴 글귀가 구천이 일찍이 내게 소개해준 바로 이것이 아니었던가 싶은데. "人間所欲在於脫壺　史輪不停天主之理　雲月入西暢日東出永樂久榮恒在於心." 나와 구천 사이에 이 글귀의 뜻을 새삼 풀이할 필요는 없을 것 같고.

　　그리고 궁금하게 생각되는 것은 이번 일본 역사기행 동안 그곳에서 여러 계층의 사람들을 만나서 많은 이야기를 나누었다고 했는데, 그렇다고 하면 …….

구천 : 알겠습니다, 선생님이 하시는 말씀의 뜻을. 일본에 사는 한국인 역사학자와 일본인 고고학자를 만나 학술발표 및 토론을 해 보았습니다. 그 곳 한국인 역사학자는 한일 양국이 똑같이 유교사상을 수용하였으면서도 그 영향은 양국에서 각기 다르게 나타나고 있다고 했습니다. 결론적으로 말씀드리면, 유교사상은 한국보다는 일본에 더 긍정적인 영향을 주고 있다는 것이지요. 그러한 주장의 논거로서 다음과 같은 사실을 예로 들고 있었습니다. 어느 회사의 사장이 중역진과 함께 다방에 들어갔을 때, 한국의

회사 중역들은 사장이 무엇을 시켜 마시든 각자 마시고 싶은 것을 거리낌 없이 주문하지만, 일본의 경우에는 사정이 다르다는 것이었습니다. 일본의 회사 중역들은 자신들의 기호와는 관계 없이 사장이 주문하는 것과 무엇이든 똑같은 것을 주문한다는 것이었습니다.

구산 : 그러니까, 사장에 대한 중역들의 충성심이나 사장을 비롯한 회사 중역들의 단합이 이루어지는 일본의 경우가 중역들 각자가 기호에 따라 다른 것을 주문하는 한국의 경우보다 긍정적으로 평가되어야 한다는 것이군, 그래.

구천 : 그리하여 똑같은 유교사상도 한국에는 부정적 영향을 주었고 일본에는 긍정적인 영향을 주었다는 것입니다. 저는 국내에도 잘 알려진 그 재일한국인 역사학자의 시대착오적 가치인식 태도에 의아해하지 않을 수 없었고, 그래서 반론을 제기하기도 하였답니다.

어쨌든, 그는 상급자에 대한 거의 무조건적 충성심이나 조직집단을 위한 공동체의식이 지나치게 강조된 중세적 가치체계는 극복의 대상이 되어야 하는 동시에, 공동체의 기본질서가 유지되는 범위 내에서 구성원 각자의 인간적 존엄성 내지 자유와 인권이 보장되어야 한다는 현대적 가치체계의 중요성을 가볍게 평가하고 있는 것은 아닌가 하는 생각을 해보았습니다.

그리고 그가 우리 모두 한국인이니 털어놓고 이야기를 하겠다는 전제 하에, 한국 사회의 모순과 폐단을 가차 없이 비판하면서 일본 사회의 장점과 우수성을 강조하는 것을 보면서 같은 민족의 핏줄을 이어받은 사람이 저럴 수가 있을까. 상황이 의식을 규정한다는 논리가 강조되는 것이 오늘날의 사회현실이라 한다지만, 그의 언동은 지나친 것이 아니었는가 하는 생각에는 지금도 변함이 없습니다.

구산 : 재일한국인 역사학자와의 학술토론을 통해서는 적지 않게 실망하였다 할까, 아니 섭섭한 마음을 가지게 되었던 것 같군, 그래. 재일한국인 역사학자는 그렇다 치고, 일본인 학자와도 학술토론을 할 기회가 있었다고 하지 않았던가.

구천 : 본격적인 것은 아니었지만 일본인 고고학자의 학술발표도 듣고 잠시 토론할 기회가 있었습니다. 즉, 지금까지의 고고학적 성과를 통해 고대 한일 문화교류를 고찰한 규슈 대학의 니시타니(西谷) 교수의 발표를 듣고 그 문제를 중심으로 한 질의토론에도 참여하였습니다. 그는 발표와 토론을 통해 고대의 한국문화가 일본으로 전파되었다는 지금까지의 일반론을 극복해 보려는 데 초점을 두고 자신의 주장을 제시하였습니다. 일본 규슈 지방에서 다량 출토된 유물이 한반도 남단에서도 출토되고 있다는 사실을 강조하였는데, 이로써 고대 일본문화가 한반도로 파급되었다는 사실을 논증하고 싶었던 것 같습니다. 그리고 일본문화의 특징을 모방성에서 찾는 학설에 대해 민감한 반응을 보이고 있다는 점도 느낄 수 있었습니다.

구산 : 그런 민감한 반응은 자기 민족의 전통문화에 대해 신념 내지 자부심을 갖지 못하는 일본 지식계층 일반에서 찾아볼 수 있는 반응과 본질적으로 공통된다고 할 수 있을 것 같군, 그래.

구천 : 그 점에 대해서 저도 동감합니다. 그리고 이번 역사기행중 일본 외무성의 한 젊은 사무관과 비교적 많은 대화를 나눌 수 있

었습니다. 한국주재 일본대사관에서 오랫동안 근무한 경험이 있다는 그 사무관과 대화를 나누면서 일본인들이 한국인과 만날 때 사전에 얼마나 주도면밀한 준비를 하는지를 짐작할 수 있었습니다.

한갓 통역 같은 의전 임무를 맡은 사무관이 같은 좌석에 앉게 될 한국인 학자의 경력과 전공분야에 관해서는 물론이고 주요 논문의 내용까지 파악하고 나올 만큼 사전준비는 철저했습니다. 그와는 대화를 나누면서 여전히 일본 지식계층 일반은 한국역사 내지 문화를 식민사관의 핵심이라 할 정체성론에 입각하여 인식하고 있다는 사실을 느낄 수 있었답니다.

한편, 통역을 사이에 두고 일본 학자들과도 대화를 해보았습니다. 그들의 상당수가 터놓고 말하지는 않았지만 오늘날 한국 역사학계 전반의 연구수준을 저급한 상태로 그릇 인식하고 있는 것으로 보였습니다. 이상의 사실로 보건대, 한일 양국이 상대국의 문화 전반에 걸쳐 현실상황을 있는 그대로 인식, 아니 이해하게 되기까지는 상당한 시일과 노력이 필요할 것 같다는 생각을 하였습니다.

일본 내에서 원로급 언론인이요 어느 대학의 학장으로 있다는 이와 한일관계 문제를 둘러싸고 상당히 깊은 대화를 나누어 보았습니다. 70세가 넘었다는 그와의 대화를 통해 일제의 한국 식민통치기에 활약한 바 있는 일본 지식인의 한국 내지 한국인에 대한 인식수준이랄까, 인식태도가 어떠한 것인지를 대강 짐작할 수 있었습니다. 한국 학자를 대하는 그의 자세나 언동에서는 다분히 권위주의 내지 우월의식이 느껴졌습니다. 특히 대화를 나누는 좌

석에서 군림하려는 고압적 자세 같은 것은 오랜 언론인 생활에서
나온 것인지는 모르겠지만, 다소 무례하고 오만해 보이는 그의
자세는 저항감을 불러일으키기에 충분하였습니다. 그의 말에 따
르면, 자신들이 한일관계를 언급할 때 금기사항 같은 것이 있다
는 했습니다.

구산 : 그가 말하는 금기사항이라는 것이 과연 무엇을 의미하는지
자못 궁금하게 생각되는군, 그래.

구천 : 가만 생각해 보니 이런 것을 뜻하는 게 아니겠는가 하는 생
각이 들었습니다. 그러니까, 일본인들이 터놓고 얘기할 수 없다
는 것들이 …… 저 멀리 역사를 소급하여 고대에는 일본이 한반
도 일부 지역을 지배했다든가, 근대 일본의 한국 식민통치가 당
연한 것이었음은 물론 한국근대사 발전에도 기여했다든가 하는
사실을 강조하고 싶으나 그럴 수 없다는 걸 말하는 것이 아닌가
생각했습니다. 이러한 식민사관의 잔재가 일본 지식계층의 의식
속에 농도짙게 남아 있는 한, 진정한 한일관계의 개선 발전은 기
대하기 힘들지 않겠는가, 하는 생각을 해보았습니다.

구산 : 또 궁금한 것은 구천과 동행한 한국 교수들의 일본에 대한
인식이 한결같이 공통되었다 할까, 일치된 것이었는지.

구천 : 부분적이거나 지엽적인 면에서는 차이가 없을 수 없겠지요
…… 그러나 본질적인 면에서는 대체적으로 공통되었을 것으로
믿습니다. 많은 이야기를 허심탄회하게 나눌 자리는 별로 갖지
못해 이렇다 하게 자신있는 말씀은 드릴 수 없겠습니다만 …….
　그러나 역사기행을 하는 동안 여러 동료 교수들과 나눈 대화
가운데 한 교수와의 대화가 머리 속에 비교적 또렷이 남아 있습

니다. 그가 제게 이런 질문을 하였습니다. 오늘날 세계적 경제대
국인 일본이 만일 쇠퇴 내지 붕괴하는 일이 생긴다면, 그 원인은
무엇이겠느냐고. 질문이 워낙 뜻밖이라 즉각 나름의 정리된 의견
을 내놓을 수 없었습니다.

구산 : 그 같은 문제는 오늘날 그처럼 발전과 번영을 구가하는 경
　　제대국 일본을 여행할 때 당연히 한 번쯤 생각해 볼 문제라 생각
　　되는데 …… 구천은 그 점을 스스로 곰곰이 생각지 못하고 ……
　　딱한 일이 아닐 수 없군, 그래.

구천 : 그렇습니다. 선생님 말씀처럼 동료 교수로부터 그런 질문을
　　받았을 때 제 식견의 천박함에 스스로 부끄러움을 느끼지 않을
　　수 없었습니다. 한동안 곰곰이 생각해 보았습니다. 만약 오늘날
　　의 일본이 쇠퇴하거나 붕괴하게 된다면, 다음과 같은 사실이 그
　　중요 원인이 될 것 같다는 생각을 해보았습니다.

　　지금의 일본 사회에는, 중세적 가치체계 위에 근대 자본주의적
생산양식을 수용하고 있는 모순, 즉 가치체계와 생산양식의 사이
의 괴리현상이 일본 사회에 내포된 본질적이고 중요한 불안요인
이 될 수 있다는 것입니다. 다시 말씀드려서, 오늘날의 일본 사회
는 의리·명분·전통 등을 중시하는 중세적인 윤리지향적 가치
체계 위에, 실용·실제성과 객관·합리성을 중시하는 논리지향
적인 근대적 가치체계를 바탕으로 해야 할 자본주의 생산양식이
수용되어 있습니다. 그 사이에서 나타나는 괴리현상은 일본 사회
의 장래에 심각한 불안요인이 될 수 있다는 것입니다.

　　그런데 그 같은 괴리현상은 일본이 추구하는 경제발전의 목표
가 자국 또는 자기 민족을 위주로 삼는 데로 국한될 때까지는 그

다지 심각한 갈등요인으로 표출되지는 않을 것으로 생각됩니다. 그러나 경제대국으로서의 일본은 앞으로 전 세계 내지 전 인류의 복지를 증진시키는 방향으로 경제발전 목표를 수정해야 하는 세계사적 요구에 직면하게 될 것입니다. 그런 시기에 당면하면 일본의 변태적 자본주의 경제체제, 즉 중세지향적 가치체계 위에 수용된 근대 자본주의 경제체제는 세계와 인류의 복지를 증진하는 방향으로 나가야 할 일본경제의 지속적이고 안정적 발전을 가로막는 본질적인 요인이 될 것입니다. 그리고 …….

구산 : 그러니까, 앞으로 세계 경제대국인 일본의 경제력이 전 세계 내지 전 인류에 공헌하는 세계사적 사명에 충실하지 못할 경우, 국제사회에서 경제적 민족주의의 저항을 받게 될 것이고, 일본경제는 지속적이며 안정적으로 확대 발전하기 어려운 상황에 부닥치게 된다는 것이군. 일본이 이러한 상황에 직면할 경우, 자국의 경제적 성장 발전을 가로막는 여러 나라의 경제적 민족주의의 저항을, 일본의 패권주의적 역사전통이 그러했듯이 물리력으로 대응하기 위해 군사대국화 내지 군국주의화를 시도하게 될지도 모를 일이네. 이런 경우를 가정할 때 "칼을 쓰는 자는 칼로 망한다"는 성경의 교훈처럼 되지 않는다는 보장은 없으리라고 믿네.

또한 이러한 상황을 가정해 볼 수도 있을 것일세. 그러니까, 오늘날의 국제질서 전개과정을 보면, 세계는 종교적 신념이나 정치적 이념 및 경제적 득실 등을 매개로 한 블록화 추세가 심화되고 있지 않은가. 이같이 급변하는 국제질서 속에서 일본은 원하건 원치 않건 블록 간의 대립 갈등에 휩쓸리게 될 때 쇠퇴하거나 붕괴할 개연성 역시 배제할 수 없을 것 같다는 말을 하고 싶네.

구천 : 선생님, 이제 일본의 부정적인 미래를 전망하거나 가정해 보는 이런 이야기는 여기에서 끝냈으면 좋겠습니다. 이제부터는 도쿄 '나리타' 공항에서 비행기를 타고 내 나라 내 고향으로 돌아오면서 느낀 소감을 말씀드려 보기로 하겠습니다.

'나리타' 공항에서 대한항공사의 비행기를 타고 귀국길에 올랐습니다. 조금은 지루하고도 긴장된 9박10일 간의 역사기행을 마치고 내 나라, 아니 그리운 내 고향으로 돌아오는 하늘 길에 오른 것입니다. 피로가 한꺼번에 몰려오는 것 같았지만 귀국길에 들어서니 가슴이 설레기도 하였습니다. 맥주 한 통을 마시고 고달픈 심신을 쉬기 위해 잠을 청해 보았습니다만 잠이 쉬 올 것 같지 않았습니다. 그래서 창문을 통해 오늘날의 일본 땅을 조감하기로 마음을 고쳐 먹었습니다.

우선 짙푸른 산림이 인상적으로 시야에 들어왔습니다. 아닌 게 아니라 일본 역사기행을 하는 동안 치산(治山)이 잘된 푸른 산과 울창한 숲을 보며 부러움을 느낀 것이 한두 번이 아니었습니다. 치산과 함께 치수(治水)도 잘 되어 있구나, 하는 생각을 하였습니다. 흔히 '치산치수'라 말하는 것을 보면, 치산이 잘 된 일본에 치수가 잘 되어 있는 것도 지극히 당연한 일일는지 모릅니다.

어쨌든 눈 아래로 조감되는 물이 가득차서 유유히 흐르는 푸른 강줄기와, 그 강줄기 여기 저기에 건설된 수력발전소들, 또한 계획적으로 잘 정리 개발된 길게 뻗은 해안. 해안개발도 넓은 의미에서 보면 치수의 영역에 속한다고 말할 수 있겠지요. 그리고 철저한 농지의 구획정리와 농촌의 균형적 개발, 한 마디로 말해서 일본은 천연자원의 개발이 극대화된 나라로구나, 하는 생각을 하였답니다. 천연자원의 개발이 극대화되어 있다는 것은 다른 의미에서 자연자원의 개발이 한계점 가까이에 와 있다는 것을 의미하는 게 아닌가. 그렇다면 앞으로 일본은 이 문제를 어떻게 극복해 나가느냐가 미래의 국운을 결정짓는 관건이 되리라는 생각을 해 보았습니다.

일본의 영공을 지나 한동안 망망한 바다 위를 나르던 비행기가 내 조국 산하의 상공으로 접어들었습니다. 높은 하늘에서 내려다보는 산, 아니 산줄기가 푸르디 푸르기는 일본의 그것과 매일반이었습니다. 치산의 구체적 내용을 들여다볼 때 두 나라 사이에는 차이가 있을 테지만 …… 조국이 해방된 뒤 많은 애국지사들이 망명생활을 청산하고 비행기로 귀국할 때, 벌거벗고 황폐화된 조국의 산하를 내려다보며 통곡을 했다는 말을 들은 기억이 나는데 …… 참으로 격세지감을 느끼지 않을 수 없었습니다. 치산과 함께 치수도, 해안의 정리개발도, 농지의 구획정리와 도시 및 농촌의 발전도 이만하면 상당 수준에 이르렀구나 싶었습니다. 자연자원의 개발이 극대화된 일본의 수준에까지는 이르지 못한다 해도 …… 그러나 타고난 자연자원 개발의 미숙성(?)은 그것이 극대화된 것으로 보이는 일본보다 그만큼 국가의 잠재력 내지 장래성이 크다는 것을 의미하는 것으로 이해할 수도 있지 않겠습니까.

비행기를 타고 하늘 아래 관광(?)에 몰두하고 있는 동안 시간은 생각보다 빨리 흘러 곧 김포공항에 착륙한다는 기내방송이 흘러나왔습니다. 서둘러 한일문화교류 내지 한일관계의 미래를 전망해 보려 하였습니다. 이번 9박10일 동안의 일본 역사기행을 마무리지어 보아야겠다는 생각이 든 것이지요. 저는 이렇게 결론, 아니 그 마무리를 지어 보았습니다.

불편하다 할까, 아니 가벼운 적대감까지 느껴지는 한일관계의 본질적인 개선은 그리 쉽게 이루어질 수 없을 것 같다고. 일본의 식민통치가 한국 역사발전에 기여했다고 강변하는 일본인들과, 한편 일본말 내지 일본문화에 대해 무의식적으로라도 향수 같은 것을 느끼는 상당수의 한국인이 건재하는 동안에는 진정한, 아니 본질적인 한일관계의 개선은 기대하기 어렵겠다는 생각을 해보았답니다. 현재 급진전되고 있는 국제질서의 변화 발전 속에서 양국관계가 친화적이랄까, 우호적인 방향으로 개선되어야만 하는 현실을 부정하지 못하지만, 실제로 그 방안을 모색하고 추진하는 데는 극복하기 어려운 여러 문제들이 가로놓여 있다는 데 고뇌가 있는 것입니다.

구산 : 여보게, 구천. 나 역시 오늘의 한일관계는 물론, 앞으로의 관계를 희망적이랄까, 낙관적으로 보고 있지는 않네. 그렇다고 양국관계의 현재와 미래를 부정적이랄까, 비관적으로만 보고 있지도 않으며 또 그렇게 보거나 보려고 해서도 안 될 것이네. 그 이유가 무엇인가에 대해서는 구천도 대강은 짐작할 수 있을 것이니 새삼 장황히 설명할 필요는 없을 것이고. 한일관계를 바람직한 방향으로 개선 발전시켜 나가기 위해서는 여러 측면에서 방안이 모색되어야 하겠지만, 가장 근본적이고도 중요하게 생각되는 것으로서 다음의 사실을 지적할 수 있을 것 같네. 그 점은 한국측이나 일본측 서로가 자제해야 한다 할까, 경계해야 할 문제점으로 볼 수 있을 것일세.

먼저, 일본측은 근대에 들어와 한국을 침략하여 마침내 식민통치를 하게 되었다는 사실을 정당화 내지 합리화하기 위해 근대사 이전 시기에 한국에 비해 열등했던 자국의 역사적 위상을 의도적으로 미화시키는 행위를 자제하고 경계해야 할 것일세. 한편, 한국측으로서는 근대에 들어와 일본에 뒤진 역사적 위상에 갈등을 느끼고 근대사 이전에 일본보다 우위에 있던 자국의 역사적 위상을 의도적으로 과장 미화하려는 행위를 자제하고 경계해야 할 것이네. 한일관계에서 이상과 같은 근본적이고 중요한 문제점이 극복되지 않고서는 과거와 현재도 그러했지만, 앞으로도 양국관계의 본질적인 개선 발전을 기대하기는 어려울 것 같다는 생각을 하고 있지. 지금까지 한일관계에서 제기된 많은 문제들을 보다 포괄적이고 심층적으로 분석 고찰해 보면, 친화적이며 호혜평등한 양국관계의 성립을 저해하는 근본적이고 중요한 원인을 이해 파악할 수 있게 되리라 믿네. 그같이 근본적이고 중요한 저해적 요인이 무엇인가에 대한 철저한 인식을 바탕으로 한일관계의 개선 발전 방안을 모색해 나가야 할 것이네.

오늘 구천과 정말 긴 시간에 걸쳐 많은 이야기를 나눈 것 같네. 이쯤 해서 구천의 '일본 역사기행'에 관한 이야길랑 끝내기로 하고, 자리를 털고 일어나 신촌시장통에 있는 복집에 들러 얼큰한 '복매운탕'을 안주 삼아 소주나 몇 잔 마시는 게 좋을 듯 싶은데 ······.

─큰길로 나선 구산 선생과 구천은 신촌 복집을 향해 택시를 탄다. 그처럼 기나긴 시간에 걸쳐 이야기를 나누고도 미진한 구석이 있

었던가 보다. 택시를 타고 가면서도 이야기를 계속 나누고 있는 것을 보면 …… . 며칠 뒤 우연히 구산 선생을 만난 계제에 택시 속에서 두 분이 나눈 대화의 내용을 확인해 보았다. 한일관계 개 선방향에 관한 이야기를 나누었다고 말씀하셨다. 구천은 자신이 전해 듣거나 경험한 일이라면서, 다음 두 가지 사실을 장황히 이 야기하더라고 말씀하셨다.

구천이 가르치는 여학생 한 명이 어학연수차 미국에 1년을 머 물렀는데, 그 동안 일본 여학생과 같은 방에서 기숙을 했단다. 몇 년 후 한국 관광을 온 그 일본 여학생을 자기 집에 초청하여 며 칠 동안을 함께 지냈다. 그 사이 허물 없이 많은 이야기를 나누 던 중에, 우연히 일제의 가혹한 식민통치에 관한 사실을 말하게 되었다. 일본 여학생은 지금껏 한일 간에 그처럼 불행한 과거가 있었다는 사실은 배우거나 들어본 적도 없다며 깜짝 놀랐다. 그 리고 자신이 일본을 대신해서 사과한다면서 참회의 눈물을 흘리 더란다.

계속해서 구천은 이런 경험담을 들려 주었다. 구천의 제자가 일본 규슈 대학에 유학하여 박사학위논문을 준비하던 어느 해 가 을, 지도교수가 관광차 한국을 방문하게 되었다. 이름이 기억나 지 않는 그 일본인 교수는 몽골사를 전공하는 분으로 이 때 환갑 이 가까운 나이였다. 구천은, 자신의 지도교수를 한 번 만나달라 는 제자의 부탁을 받고 어느날 저녁식사를 대접하게 되었다. 식 사를 하며 반주를 권했는데 술을 즐기지 않는 그 교수는 맥주 한 컵 정도밖에는 마시지 못했다. 얼마 동안 어색한 분위기 속에서 조심스런 대화가 이어졌다. 그런데 이 교수가 구천의 강권(?)에

못 이겨 맥주 두세 컵을 더 마시게 되면서 대화에 물이 오르기 시작하더니 마침내 허심탄회해졌다. 이후 불고기를 안주 삼아 맥주 서네 병씩을 들이켰고, 저녁식사가 끝난 후 그 지도교수는 자기 집에 들르자는 구천의 제의를 선선히 받아들일 만큼 분위기가 부드러워졌다. 구천의 집에 들러 차를 마시며 한 시간 반 가량 대화를 나누었는데, 핵심이 되는 화제는 역시 남북통일의 전망에 관한 것이었다. 구천은 그 일본인 교수에게 한국 방문기념으로 남북통일을 기원하는 글을 새긴 '조롱박'을 선물로 주었다. "白民所願在於統一　分土斷民何時和合　史輪不停天主之理……"으로 시작되는 통일기원의 뜻이 담긴 조롱박이었다. 지도교수는 뜻 있고 값진 선물 대단히 감사하다는 인사와 함께, 이런 말을 하더란다. 원 선생은 역사학자라기보다는 사상가라고 해야 더 어울릴 것 같다고, 또 어느 때고 일본을 방문하는 기회에 연락을 주면 자기 집에 초청하여 한 이불 속에서 잠을 자고 싶다고……. 그리고 제자를 통해 들은 후일담이긴 하지만, 선물로 받은 그 조롱박을 책상 위에 소중이 간직하고 있더란다.

구산 선생은 위와 같은 두 가지 사실을 장황하게 말하는 구천의 속뜻이 어디에 있는지 짐작할 수 있을 것 같다고 말씀하셨다. 그리고 이런 말씀으로 이야기를 끝맺음하셨다.

"구천이 장황하게 말한 두 가지 사례에서 기나긴 역사와 현실 속에 얼키고설킨 한일관계를 푸는 단서를 혹시 찾을 수 있을지 모르겠다고 …… '한일국교정상화'라는 거창한 명분을 내걸고 벌이는 정치적 쇼(?), 아니 연극보다는……"—

(『월간 화폐계』 19-5～7호, 1990년 5 · 6 · 7월)

구천(龜泉) 원유한(元裕漢)은 1935년 충남 천안에서 출생하여, 연세대학교 문과대학 사학과와 동대학원 사학과(문학석사·박사)를 졸업하였다. 문교부 국사편찬위원회 편사연수관, 수도여자사범대학 역사교육과 조교수, 홍익대학교 사범대학 역사교육과 교수, 동국대학교 사범대학 역사교육과 교수를 거쳐 현재 동국대학교 명예교수, 연세대학교 국학진흥연구단 연구교수로 있다.

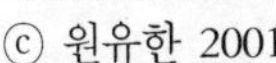

ⓒ 원유한 2001

실학아리랑총서 ①

통일부활의 꿈
칠리 이광린선생 희수기념

원유한 지음

2001년 10월 10일 초판 발행
지은이 원유한
펴낸이 오일주
펴낸곳 도서출판 혜안
㉾ 121 - 836 서울시 마포구 서교동
　　　　326 - 26번지 102호
대표전화 3141 - 3711~2
팩시밀리 3141 - 3710
E-Mail hyeanpub@hanmail.net

값 7,000 원　　ISBN 89-8494-142-5-03910